博恩·崔西的财富科学观

THE SCIENCE OF MONEY

shiwenbooks

# 博恩·崔西的财富科学观

## THE SCIENCE OF MONEY

[美]博恩·崔西 /著　　吴洁雅 /译

金城出版社
GOLD WALL PRESS

图书在版编目(CIP)数据

博恩·崔西的财富科学观/(美) 博恩·崔西著；吴洁雅译. — 北京：金城出版社，2017.12

书名原文：The Science of Money: How to Increase Your Income and Become Wealthy

ISBN 978-7-5155-1606-6

Ⅰ.①博… Ⅱ.①博… ②吴… Ⅲ.①财务管理–通俗读物
Ⅳ.①TS976.15-49

中国版本图书馆 CIP 数据核字(2017)第 299224 号





博恩·崔西的财富科学观

| | |
|---|---|
| 作　　者 | [美]博恩·崔西 |
| 译　　者 | 吴洁雅 |
| 责任编辑 | 李凯丽 |
| 开　　本 | 710 毫米×1000 毫米　1/16 |
| 印　　张 | 12 |
| 字　　数 | 130 千字 |
| 版　　次 | 2018 年 1 月第 1 版　2018 年 1 月第 1 次印刷 |
| 印　　刷 | 三河市祥达印刷包装有限公司 |
| 书　　号 | ISBN 978-7-5155-1606-6 |
| 定　　价 | 39.80 元 |

| | |
|---|---|
| 出版发行 | 金城出版社　北京市朝阳区利泽东二路 3 号　邮编：100102 |
| 发 行 部 | (010)84254364 |
| 编 辑 部 | (010)84250838 |
| 总 编 室 | (010)64228516 |
| 网　　址 | http://www.jccb.com.cn |
| 电子邮箱 | jinchengchuban@163.com |
| 法律顾问 | 陈鹰律师事务所 (010)64970501 |

# 总　序

## 成功对话系列

博恩·崔西，商业与个人成功方面的世界最佳权威之一。他已经给500多万人做过5000多场讲座和研讨会，同时也担任了全球主要行业最高领导人的企业指导师。

丹·斯特拉泽尔，年仅25岁，却是个人发展行业的资深人士，发表了历史上一些最成功的音频节目。他也曾与大多数个人发展方面的顶尖作者和演讲家密切共事并保持着良好关系。

当博恩同意坐下来，谈一谈其《博恩·崔西的财富科学观》（*The Science of Money*）研讨会时，丹无比激动。一整个周末他们都与对方会面，这两位思想家就这个主题进行了深入地、细致地探讨。这些富有深度的采访被录下来，在此呈现。我们希望您能喜欢他们的讨论，并从中受益。

# 导 言

金钱一直是世界上最发人深省、最令人激动、最两极分化的主题之一。关于何为金钱、如何赚钱、如何花钱、哪些人有钱、哪些人没钱，以及无数其他的主题，很多人写了许多的书籍、文章、博客帖子，做了许多的演讲。但是，尽管对这个话题的关注从未中断，疑惑这个词还是被用来描述一般人对金钱的看法。

就这个话题已经发表了一些真正出色的研究，但关于金钱仍然存在很多误解——我们可以称其为金钱白噪声——大部分人要么依赖运气创造自己的财富，要么完全不予理睬创造财富这个话题。这不仅没必要发生，它的存在更是一个悲剧。称其为悲剧，是因为当人们听天由命，或甚至更糟，完全放弃梦想时，他们所拥有的那些人类潜能却从未得到开发。这完全没必要发生是因为，关于金钱的秘密，如何创造金钱、如何投资，以及如何明智地花钱，都不是什么秘密。

诚然，正如存在营养学、解剖学、天文学、化学和工程学一样，也存在金钱学。金钱学已经获得了一次又一次的检验和证明，不仅仅是几年或几十年，而是上千年的检验和证明。关于金钱的新理论随时都可能产生——正如我们随时都可能获得治疗癌症或秃顶的新理论一样——这门科学，及其检验和验证结果的规则，将在短期之内把关于金钱的看法从理论领域归为以下两类之一：第一类，一种可以被证实的事实，也就是博恩所说的法则；第二类，一个未经论证的看法，也就是博恩所说的误解。

本书中，我们将考查这两类看法：已经证实的金钱法则。这些法则可以被依赖，就像你确定太阳一定会从东方升起一样；对于金钱的谬见。这些看法没有任何依据却仍然存在，并且还能像谣言一般继续存在；也有些看法据说正确但被检验证明是不正确的，或者充其量，从来都没有得到肯定无疑的验证。

最终，我们有一个中心目标：彻底地清除关于这个话题的疑惑，并一次性集中介绍有关金钱的基本真理。哪怕就学习这本书里的思想并简单地将它们运用到生活和事业中去，你也必将成功致富，正如明天太阳必定升起。

丹·斯特拉泽尔

# 目 录

第一章

# 何为金钱？

在任何科学学科中，为了研究的主题，以及与主题相关的理论检验的基本法则明确达成一致意见，我们需要定义一些术语。在本章中，博恩将帮助我们定义与金钱相关的一些术语。他的一些回答可能会出乎你意料之外。

## 丹

博恩，首先让我们描述一下“金钱学”的内涵，以及对于金钱已经存在哪些研究方法。让我们看一看，这项研究是如何产生了诸多关于赚钱或创造财富的坚实可靠的法则，并且这项研究又是如何公然向外界一些神秘及（或）投机的理论提出挑战的。

## 博恩

如果想要彻底了解金钱学的本质，你就从第一条法则开始，即交换定律。交换定律的是指，金钱是人们交换货物和服务的媒介。他们用生产货物与服务过程中自己的劳力与他人的货物与服务进行交换。金钱就是劳动交换的媒介。

金钱出现之前，是以物易物的形式。这就直接追溯到了10万年前，那时候某人用燧石制作了矛头或罐子，并用它来交换毯子或兽皮。以物易物中，人们不通过金钱，直接用货物与服务进行交换。接着文明得到了发展，以物易物变得太过笨拙。人们发现，可以通过类似金、银、钱币、海贝这样的媒介，早期美国用的是贝壳串——一些稀有珍贵的物品，来进行货物与服务的相互交换。人们拥有一枚钱币或某个有价值的物品，他们会以此来交换一只鸡或一只羊，或其他。这让整个交换过程效率更高。

那就是金钱的初始形式，今天也仍然定义了金钱的本质，即使许多人对此困惑不已。它让整个交换过程更加高效。今天，我们去上班，通过自己的劳动换取金钱，接着再用换取到的金钱购买他人的劳动产品。基本上，金钱是我们互相交换劳动产品的媒介。

交换定律的第一个推论是，金钱是人们对商品和服务价值的衡量方法。人们对某件物品愿意支付的金钱数额才能决定这件物品的价值高低。物品本身并不具备任何价值，某个物品的价值是某人愿意为其付出的金钱数额。

你不能说，自己的产品或服务具备特定金额的价值，除非另外有人通过实际给予你那个数额的金钱，才能这么说。物品和服务，除了人们愿意为其支付的金额之外，没有任何价值。因此所有价值都是主观的。这一点也是奥地利学派——历史上最优秀、最具洞察力的经济学学派——的思想基础。价值基于有意向的购买者在做出购买决策时的想法、感觉、态度和观点。

交换定律的第二个推论是，你的劳动被他人视为一种生产要素，也就是成本。这一点就驳斥了几乎所有有关是否应该支付人们 15 美元时薪的这个争论，以及其他类似经济学争论。人类的另外一个称呼是经济人。这意味着，我们的行为总是追求经济最大化：我们总是努力从最少的成本中获取最大的利益。这是遗传，由我们 DNA 天生的构造所决定。人类历史上从未偏离过这一点。支付的成本可以更少时，我们绝不会支付更多。

我们每个人都倾向于将自己额头上的汗水看得十分特别，因为它高度私人化，来源于我们的身体，诠释了我们是谁，夹杂了太多的情感。实际上，因为它就是我们的生活。但是对于他人而言，我们的劳动不过就是成本。作为聪明的消费者，或者员工或者客户，我们希望用最小的成本获得最大的利益，不论这其中牵涉了谁的劳动。这就是为什么人们会将产品放在中国、越南或印度尼西亚生产：因为在美国的客户根本不在乎产品来自哪里，他们只在乎获取最低的价格。

人们谈论境外生产以及工作向海外转移等等。这无关公司，而是那些要求公司将工作放在境外的客户所希望的，因为在那里，产品和服务的生产成本可以更低。几乎所有苹果公司的产品都在中国生产。为什么？因为要将苹果产品生产出来，更发达的国家的成本是中国的三四倍，所以身在发达国家的客户不会支付如此高昂的成本。客户要求——以非直接的方式——公司将这些工作离岸外包，那么自身就可以用最低的成本获取最大的利益。

出于这个原因，你不可以在自己的劳动上强加一个客观价值，抗议并且要求增加薪资等等。唯一决定你的薪资以及你在财务上的价值的，是在竞争性市场上其他人愿意为你的劳动所支付的金额。之后我们会讨论 99%比 1%这个法则等等。

交换定律的第三条推论认为，你的收入是别人对你贡献价值的衡量。换言之，是市场上的客户决定了我们的价值。是我们所任职公司的客户，决定了他们会为我们贡献给生产过程中的产品和服务支付什么样的价格。这一点就决定了我们报酬的高低，我们所获报酬中也不含任何客观数额。你获得的报酬，与你所做贡献的相对数量和质量成正比，外加他人在你的贡献之上所增加的价值。

过去我常说，每一天你都在与公司其他任何一个人竞争。人们对这个说法表示极其愤怒，他们会说，“我们之间不存在竞争。所有人都像队友一般协同合作。”事实上，决定你薪水的那个人，真正决定的是，与他人的薪水相比应该支付你怎样的报酬。那就是为什么大部分公司会制定一条规则，同事之间不得讨论个人薪资情况，因为你的工资，是公司比较了你身边所有人的工作价值后，认为你具备怎样的价值而决定的。

交换定律的第四条推论是，金钱是果，不是因。你对某个产品或某个服务的价值所做的努力或贡献是因，你所获得的工资、薪水或收入是果。如果想要增加结果，你就必须增强原因。正如作家厄尔·南丁格尔几年前所说，因果定律是所有人类生活、所有科学、所有技术、所有数学、所有金钱的基本法则。

交换定律的第五条推论是，要增加收入回报，你就必须提高你付出的工作价值。这条推论十分了不起。人们认为自己不需要付出更多，就可以获得更多的回报。全世界的人都这么认为。你要问，“那么，钱从哪里来？”而他们的回答是，“某个地方。”如果你继续追问，他们会说，“钱应该来自其他创造更多价值的人，那些因此收入更高的人。这些人应该把钱给我——即使，根据市场而言，我创造的价值更少——好让我别那么难熬。”这类型的主观态度——认为我有权获得更多的钱——完全就是无稽之谈。那也就是它会引起骚乱和罢工以及其他一切的原因。

我们说，想要收入增加，你就必须投入更多价值。以商业为例，创造财富的秘密，这一点我们稍后也会讨论，就是增加价值。有时我会问别人，他们之中有多少人只拿佣金没有底薪。我问到的1000人之中，大约有10%~15%的人会举起手来。而事实的真相是，每个人的工作都是纯佣金制。这意味着什么？它意味着每个人所获得的，均是自己所创造价值的特定比例。如果对自己目前所拿的比例不满意，那么你要创造更多的价值、变得更有价值，你的老板或客户才会愿意向你支付更多的钱，因为他们会认为你所作贡献的价值就是这个数额。

有些人一个小时挣10美元，而有些人时薪是1000美元。我有一位朋友通过提升自己的技能，让自己从一名商业律师变成了知识产权律师，而知识产品领域在当时无人问津，是完全空白的一个领域。类似索尼、迪士尼和世界上最大型的企业争相花1000美元的时薪，聘请他提供与知识产权法相关的帮助，这是因为涉及知识产权方面的金额达到了上亿美元，而他是当时的专家。他让自己具备了连城之价，导致这些人会排着队等着给他任何他想要的报酬。审核拥有知识产权的企业之间的一份合同或并购协议，如电影公司，他的一般收费是200万美元至300万美元。

为了增加收入，你必须增加价值，也就必须提升自身知识水平。

正如管理专家彼得·德鲁克所说，我们都是知识劳动者，所以通过提升增强业务能力的知识，就可以增加你的价值，人们将会更愿意、更迫不及待地把钱塞进你手中。或者，提升你的技术水平，让自己在相同时间内可以完成更多、更高质量的工作。亦或改善你的工作习惯，大大提升自己的工作效率。

每一个社会群体和每一个行业内待遇最高的人往往都被描述成以结果为导向。他们成效极高。我曾经与一些人共事并且教授了他们时间管理的技巧，不出一年，在同样的公司、担任着与之前相同的工作，他们的收入增加了两倍。公司也愿意偿付更高的薪水，因为他们产出的价值与之前相比得到了大大的提高。每个人的工作都是纯佣金制。

或者，你也可以更努力、工作更长时间。大部分成功人士比其他人工作都要更刻苦。事实上，有数据显示，一周工作59~60小时，能让你成为顶层20%中间的一员。如果每周工作70小时，你将加入顶层5%~10%的人群中。现如今，平均每人一周工作40小时，但根据劳工研究，在一周之中，人们只工作了32小时。为什么？因为员工会有茶歇和午餐时间，而且还会延长这些时间。在那32小时里，一半的时间又被浪费了，主要浪费在漫无目的的闲聊、脸书(Facebook)、社交媒体、互联网、给朋友打电话上，等等。所以，平均每周每人只有16小时的有效工作时间，而在这些时间里，他们做的也都是一些低价值的工作。尽管如此他们仍然无法理解，为何自己得不到加薪。

成功的一个秘诀就是，工作时间都要认真工作。早点去公司，更努力一些，晚点离开公司，工作的时间都工作。不要混时间，不要与朋友聊天，不要出去吃午餐、喝咖啡、看报纸或上网。当你开始工作时，认真工作。埋下头去，全身心投入工作中。

你可以让自己的工作更富创造力，或者你也可以做任何能让自己的努力影响更大、效果更好的事情。在每天相同的8小时里，有些人的产出是其他人的5倍。

顺便说一句，所有富人们每周工作6天，这一点已得到各种研究的证明。一周工作6天并不难。如果真正享受自己的工作、真正擅长自己的工作，并且工作业绩十分出色，那么你对工作会满怀期待。它能让你感到快乐。事实上，成功的人不得不控制自己不去工作，因为他们深爱自己的工作，与之难舍难分。

之后我们也会谈到你的一个重大责任，即找到自己真正喜欢的、可以给你能量的、让你必须强迫自己才能停下来的那么一份工作。对于那些找到了合适工作的人们而言，工作时间是静止的。他们会因此而废寝忘食。忘记休息、忘记喝咖啡。他们对工作如此专心致志，不得不用八匹马才能把他们拉开，去吃饭或做其他事情。

我们社会中收入最高的，是那些能够在本行业持续改善自己，为自己目前的工作增加更大价值的一群人。真相是这样子的：你的收入，直接反映了你为改善其他人的生活和工作所创造的价值。生命中所有的成功均来自于以某种方式服务他人。如果希望赚很多钱，就要去服务很多的人，并且让自己的服务方式真正影响到他们。

## 丹

让我们就此做一些阐述，谈一谈人们会受到的挫折。对于你提到的有关增加价值的观点，你经常会听到，那些奋力争取更高工资的人说，“看看那些高管。离职的时候，哪怕公司亏钱了，他们都有那些金降落伞保护自己。再看看股市，那里的人们把市场当作了赌场。市场上涨或下跌，他们掷出骰子就能赚到钱。”

人们可能会说，经济在一定程度上被扭曲了，所以金钱不仅仅只是价值的交换。人们对增加价值这一观点提出了一些更加愤世嫉俗的异议，请就此进行讨论。你会做何回应？

## 博恩

让我告诉你一个有关货物崇拜的著名的故事。第二次世界大战期间，同盟国来到新几内亚这个国家，修建了飞机场，搭建了军事基地以对抗日本军队。其中最凶险的一些战役在新几内亚一半的国土上展开，而另外一半国土被澳大利亚人和美国人控制。他们所有的弹药、食物、供给，一切东西均由这些飞机运输而来。

美国陆军工程兵团驻扎进来了，卸下推土机、修建飞机跑道，然后开始运来所有的食物、衣物等等一切。战争结束时，他们撤退了，新几内亚的人们又重回森林中。这些地区周围的土著人，曾经在第二次世界大战中被当作劳工使用，他们根本不知道钱究竟从何而来，他们认为，钱是那些货运飞机运过来的。

他们开始了货物崇拜。会制作一些小玩偶和小飞机模型，将其置于小小的祭坛之上。他们焚香祷告，伏地跪拜并歌唱。他们祈祷飞机会装载着财富再度归来。

这则故事的要点，是指出了大多数人对金钱极度的无知，所以他们才会有类似的想法。他们相信的是一些纯粹荒诞的事情。

当某个人被挖到某家财富 500 强公司内工作，该公司会给予他很高的待遇，很高的优先认股权，而且他的律师也会就合同进行商谈。基于自身的经历，我对此十分熟悉。他们会讨论这个人的离职金，如果某件事情进展不顺，如果公司在决定聘用你之后又决定不再需要你了——原因多种多样：市场下滑、你工作能力欠佳等等——公司会支付你离职金。离职金是以合同约定的。

他们会说，“哦，这些人弄到了金降落伞。”是的，这些是他们接受这份工作的条件，在接受这份工作之前，在其他地方他们也拥有着一份很棒的工作。这不过是其中正常的一部分。

至于在股票市场的投机行为，你会发现，在股票交易所工作并且收入最高的人们，通过艰辛的努力才获取了这份最高的收入。举例来说，亿万富翁沃伦·巴菲特，每天投入 80%的时间来研究股市、研究企业、研究竞争中发生的改变以及变化的趋势——每一天的 80%。他已 84 岁高龄，但仍然会去上班，埋下头来，研究这些值得投资的东西。

他以 2000 美元发家，利用了所谓的价值投资模型，这一点我们稍后也会讨论。他会研究相对于国内外竞争对手而言，公司的产品、服务、管理以及在行业中定位的价值，这些固有价值。这涉及诸多方面。那些在股市中随意进出的人——大部分都以破产告终。这与专业扑克玩家动身前往拉斯维加斯去赢钱相似。他们发现自己一天下来的收入等于干一天的体力活所获得的报酬，因为赢赢输输之后，最终自己不过是连续坐在扑克台前12至14个小时，每小时赚了几美元而已。我两天前刚从拉斯维加斯回来，那里每个人都清楚这一点。

股民们，那些被称作当日交易者的人，现在的闪电交易者，随意买进卖出的人们——其中70%最终都血本无归。

我前不久与自己的一位客户见面。他向我引荐了一位男士，这位男士曾投入数亿美元开发一个50人规模的闪电交易组织。我之前也看到过类似的：巨大的屏幕，绝顶聪明的数学天才，每日在股票市场买进卖出，试图四处赚取一些微薄的利润。他投入了数亿美元，全部亏了。一天结束时，所有那些一天整整工作16小时不停歇的人们失去了一切，也就转身离开了。幸运的是，他当时就已经是亿万富翁了，所以在某件投机事情上还是可以输得起几亿美元的。

事情的真相是，大多数在股市上赚了钱的人都是长线玩家。沃伦·巴菲特买入某支股票后可以50年不出手。他是一名价值交易者。偶尔他会卖出所持股票的一部分，但往往是为了筹集资金以购买此时此刻回报率将会更高的另外一个东西。

如今，财富500强公司的董事长平均收入是自己企业内员工平均工资的303倍。现在有趣的一点是，事业起步时，他们的起跑线与别人是相同的，就像马拉松选手一样。事业刚开始时，他们与其他所有人并无不同。他们从自己的第一份工作开始，也被安排到大办公室或小隔间里。他们其中有些人受到了良好的教育，有的人则一般。他们其中有些人成绩优异，而有的人则不然。他们其中有些人家境富裕，有的人却出身贫寒。还有部分人是乘着“五月花”号来到美国的那些人的后代，有些人则是新移民，一开始时连这里的语言都不会说。今天，他们获得的收入是普通工人的303倍，那也就是每年1030万美元，而他们公司内的普通员工一年仅赚52000美元。

为什么会这样？他们回头去追根溯源，发现存在着这么一个策略，也是与金钱相关的伟大突破之一。该策略就是，从事业起初时开始，他们会问自己一个问题：在事业的现阶段，哪一项技能可以帮助我做出更有价值的贡献？他们会找到自己的老板，老板则会对他们说，“如果在市场工作、查阅财务报表、做演示、建立团队或谈判等方面，你能做到真正得心应手，那么你就可以为自己的工作创造更多的价值。”

这些人会以此为目标，像上学时一样制订学习计划。为了培养这些技能，他们会找出并阅读最佳的书籍，去收听最好的音频节目（最好是我们的），去参加最好的课程，每天去做最应该做的事情。一个月之后，或者半年、一年之后，他们会掌握这项技能，因为所有的商务技能都是可以学习的。

一周学习 10 个小时，10 这个数字具有魔力。当他们的朋友们在外交际，追求男女朋友，或做其他事情的时候，这些人每天会花 2 小时，一周 5 天，来提升自己的技能。对于他们而言，这个习惯已变得如同呼吸一般自然。晚上回家，与自己的另一半和孩子们用完晚餐之后，他们会学习 2 个小时，每周 5 天。

我曾经有一天在印度做演讲。我说，“因为我对你们的时区不熟悉，请问在印度平均一周有多少小时？”他们都笑我。我说，“有 168 小时，24 小时乘以 7。”不论哪个时区均是如此。你愿意每周抽出 10 小时，来变成自身行业内最富有、收入最高、最受尊敬的人吗？他们询问是否可能，我说，“当然，你们当然可以做到。”所以，真正原因不在于从 168 小时中抽出 10 小时，这仅仅不过是毅力与自律带来的结果。

每一项新的技能均适用复利法则。每掌握一门新的技术，你其他的技能也会更上一层楼。你可以提升自己赚钱的能力，自己产出贡献的能力。你的价值可以更高，因为你可以获得更好的工作业绩。你可以变得更加有价值，因此人们会支付你更高的报酬并且以更快的速度提升你。

累积效应就像滚雪球。10 年、20 年或 30 年之后，你已经进入不惑之年，或者已知天命，这时你的收入，是那些从第一份工作开始就不曾动一根手指去学习的其他人的平均收入的303倍。为什么这些人收入如此之高？有些人说，“他们就是运气好而已。”但他们口中的这些人，所做的决策具备上亿美元，有时候是几十亿美元的影响力。他们可以决定进入或离开某一个行业，低价出售某一部分业务或整个系列工厂。他们获得自己决策所产生的整体经济效益的1%。但是刚开始时，他们也不过是在一个小小的隔间中，用一台小小的笔记本电脑，独自完成某个小任务。现在的他们，掌管着巨大的企业，他们的办公室占据最好的办公大楼的顶层。

每个人都曾经有能力实现这一点，并且每个人今天仍然也有能力做类似的事情。

## 丹

你可以分享你自己从为生计发愁到实现巨大财富这个过程的故事吗？

## 博恩

人们往往会问，刚开始时你的动力、梦想或者激情是什么？我的回答是，为了吃饱。接受第一份工作时我只希望赚到足够吃饭的钱。第一份工作是刷盘子。当时我住在单居室公寓里，上面是灶台，下面是冰箱，有个安装着廉价淋浴器的卫生间，和一张床。那就是我生活的全部空间。很长一段时间，我在不同地方的居住环境就是这样，因为我只是个工人，除此之外的房子我住不起。我开着一台老爷车，穿着旧衣服，一天工作8至10个小时，脑子里想的都是如何生存下去。

曾经我有过几次不错的经历。年轻的时候，我发现自己可以在家附近找到工作——当时我12岁——剪草、为他人修剪草坪等等。我父母最终鼓励我去弄一台汽油割草机。我照做了。他们带我去了西尔斯专卖店，给我买了一台糟糕透顶的割草机，因为他们对此也一窍不通。我当时会推着这台割草机在附近走动，为别人修剪草坪。

很快我的生意就红火起来了，所以决定买一台更好的割草机。我开始经常去某一家割草机店，查看他们的割草机，新的、二手的，等等。当时我买了一台很不错的二手商用割草机，与他们用来修剪高尔夫草坪的割草机是同一类型。它外观精美，工作时会把草向前推，因此不会在修剪过的草坪上留下任何痕迹。

接着我开始修剪更多草坪。因为草坪经我修剪过之后极其美观，所以人们开始向别人推荐我。接着我又买了一台修边机来整理人行道和花圃等等。接着我又弄了一台小推车来装运这些工具。15 岁时，通过拉着那台小推车四处走动，修剪草坪，我的收入就超出了我的父亲。我甚至给那个城市的市长修剪过草坪。

当时我就了解到，努力工作和稍许的智谋，与收入之间有着直接的关系。你越早认识到这一点，认识到自己的努力与收入之间存在着联系，你就越有可能在生命中获得成功。后来我又回到工厂、磨坊和工地干活了。再后来找不到体力工作时，我又重回销售行业了。

我曾经挨家挨户销售我的服务，修剪草坪的服务。我卖过肥皂，做过报纸订阅的活儿，卖过圣诞书籍。我重新干起了销售，挨家挨户上门推销。那时的我就只有佣金。我们常说的那个笑话就是：你杀了什么，就只能吃什么（按劳取酬）。如果没有卖出东西，你什么都没得吃。这也是巨大的动力之一。

我之前就已理解，我的收入完全取决于自己获取他人所愿意购买的结果的能力。我在全世界各地的培训班上会提出这个问题："你最有价值的经济资产是什么？"我会让他们稍作思考，因为在自己第一次听到这个问题时，我也不知道答案。接着我就意识到了，你最有价值的经济资产就是你赚钱的能力。你赚钱的能力是什么？就是你能获取别人愿意付款购买的结果的能力，对于生活中和事业中的成功而言，最重要的一个词就是，结果。

现在你可能会说，结果听起来挺冷酷的。但这也包括家庭成果。在养育快乐、健康、自信的子女方面有所成就，在建立高质量的婚姻方面获得一定成果，在协助料理家务方面获得好的结果。能获得结果的人，在生命中任何一个方面都最受人尊重、最令人敬重的。

你赚钱的能力是一种资产，而所有的资产，正如可以产生收益的机器或设备或建筑一样，是会升值或贬值的。如果是升值的资产，那就意味着每一天你的价值都在增长。

最近《财富》杂志报道了一篇故事，故事主人公是一名为该杂志社工作了46年的女员工，终于在自己70岁时退休了。她是杂志社最受尊敬的人之一，其他人为她举办了盛大的欢送派对。人们会问她，这些年来像《财富》杂志这样的公司为何如此重视她？她回答到，“因为我曾经下定决心，每晚睡觉之前一定要比当天早上起床时更加聪明。每一天我都学到了新的东西，可以帮助自己的工作更上一层楼。”

她曾经采访过财富500强企业的CEO和董事长，以及领先世界的金融天才。她可以打电话给沃伦·巴菲特或比尔·盖茨或金融领域内的其他任何一个人，而这些人会接听她的电话，因为她是如此令人敬重。那就是赚钱的能力。你去问那些普通人，“今天你做的哪些事情，可以增加你的价值、提升你获得结果的能力、改善你为自己的世界添加更多价值的能力？”大部分人会被这个问题的答案所震撼到。

爱因斯坦说过，复利是宇宙间最伟大的力量。复利意味着，每次你做某一件可以提升自己技能水平的事情时，它会与你掌握的其他信息结合起来，迟早所有这些信息片段开始形成一个整体。这就被称为智力集成法则。所有这些智力碎片开始结合起来并形成一个模式或一个构思或一个模板，凭借它，你可以看到某个之前从未见过的创造或积累财富的机遇。

有时候，就是额外的某一个信息改变了一切。就是这一个信息，将你收集了很长一段时间的信息串连到了一起。突然一切都完美地契合，突然你就想到了一个可以改变一切的新产品或新的服务构思。

看看斯蒂夫·乔布斯与苹果公司。iPod是他的构想。iPod所使用的所有科技均已经存在并且其他公司也有销售，除了获取音乐的权限。他做的，就是创造了一种新的商业模式。当今世界上存在55种不同的商业模式。如果选择了错误的商业模式，你的公司将走上错误的发展道路，并且往往以破产告终。商业模式的更迭速度如此之快，导致80%以上的公司，包括财富500强公司，所使用的部分或全部商业模式，已经崩溃或已经过时。

新的商业模式将这些所有不同因素整合至一个全新的模式内，结果让一切瞬间发生了改变。谷歌便是完美的一个例子。谷歌提出了搜索的这个概念，他们将几百台，后来是几千台电脑整合到一起，接着提出了免费搜索的想法，让人们可以免费搜索信息。人们在浏览网址时，会购买某个产品或某项服务，那么谷歌可以通过算法对他们所感兴趣的东西进行追踪，随后再弹出相关的广告。谷歌用一个全新的商业模式打造了世界上最具价值的企业之一。

那个商业模式基本上就是一个免费商业模式。他们免费提供世界上最好的搜索服务，而且，既然你在此，我也顺便谈一谈可以帮助提升效率的另外一点。

赚钱的能力是重中之重，而这个能力不是在升值，就是在贬值。篮球教练帕特·莱利曾说过，你要么变得更好，要么变得更差。没有人可以一直维持原状。你掌握的每一项新技能让你在赚钱能力的阶梯上得到提升。每一项新的技能就意味着你值得获取更高的薪水。每掌握一项新的技能，你在收入阶梯上就往上踏了一步，你的赚钱能力得到了提升。如果在这个阶梯上持续往上爬，你赚钱的能力则会不断加强。

看一看当今我们社会中那些收入最高的人们。他们就是那些通过日复一日、周复一周、月复一月地不断学习新技能来让自己持续往上爬的人们。他们永远不会停止学习新的技能，永远都在给自己增值。结果就是，人们争相将钱塞入他们的口袋，支付他们数百万美元的签约奖金让他们接受自己公司的高级职位，在因为任何原因离开公司时又会支付数百万美元的离职金。这就是人们收入如此之高的原因。

你要一直问自己这个问题，“我今天做了哪些事情可以加强自己赚钱的能力，可以提升我为他人所获取成果的质量和数量，而他们也愿意为了此次提升向我支付酬劳?”如果你对结果持续保持密切的关注，它能给你的生活带去的改变将颇为惊人。

## 丹

博恩，请与我们分享你自己对金钱的定义。请谈一谈，纸币向数字货币的转变是如何帮助我们看清楚金钱不过是价值交换的一种手段，它并不是一件物品或财产。请你谈一谈，这将如何影响到人们对金钱的看法并且影响人们愿意如何使用自己的金钱。有些人说，金钱是生命的能量或者反映了人的生命力。你同意吗？为什么？

## 博恩

对于数字货币、信用卡中的钱、银行货币等等而言，有一个巨大的挑战是，人们不会实际触碰到货币本身。他们意识不到自己究竟花了多少钱。

在我自己孩子身上，我也看到了这一点。他们从小生活在一个不错的家庭，独立自主后自己会买一些东西，当收到账单时，却十分震惊。他们的朋友们也是如此。最终需要偿还巨额的信用卡账单，接着就会收到还款通知，因为人们也要拿回自己的钱。利息开始累积，这时他们惶恐不已。二十几岁的他们，需要两三年时间才会意识到这一点，并开始有所收敛。他们会剪掉自己的信用卡、给信用卡加上额度、每个月按时还款，这样才恢复了自己的信用。

当然，信用卡公司吸引你用信用卡购物，公司自身也有既得利益。鼓励人们不去思考自己究竟花了多少钱，这其中也存在既得利益。每年有多少人因为信用卡债务而导致破产或信用破产，这个数字是惊人的。美国人，尤其是二三十岁的年轻夫妻离婚，其主要原因就是金钱的问题。两人中总会有一人在花钱。他们会说，“嗯，就是一张信用卡而已。”他们会网上购物，这也是另外一件可怕的事情，因为这样一来你就被双重隔离于现实之外。点击按钮、提交订单后商品就被送上门来，几周之后账单也随之而来了。“这个东西是谁买的?发生了什么事情?好吧，买的时候我并没有多想。就这么买了。”

债台高筑的情况下，顾问们在债务合并中做的第一件事情就是，要求人们剪掉自己的信用卡，或者将所有债务合并至一张信用卡中，再设定消费限度，那么他们一个月内只能在此限度之内消费。信用卡本应该是提供使用上的便利。接下来他们会要求人们用现金支付，这是最不可思议的事情。当开始从自己口袋中掏出现金去支付时，你会意识到：这是你自己挣的钱。这些是你每小时所攒下来的工资。突然你对自己究竟花了多少钱就一清二楚了，而你就不会再继续了。

不得不从自己口袋中掏出现金进行支付，这个特定行为能让你在消费时变得更加深思熟虑。这是今天人们面临的一个巨大挑战。

金钱与时间在花费或投资的情况下是可以互换的：如果花费金钱或时间，它们就一去不复返了，你再也无法将其夺回。如果将金钱或时间投资到某个在未来能为你带去回报的事情上，那么在无限的未来中，你均可以从中获益。我经常说，时间和金钱的最佳投资途径是投资在增强自己的赚钱能力上。沃伦·巴菲特是历史上最成功的投资人。刚开始时他只有2000美元，现在他的公司总价值3500亿美元。伯克希尔·哈撒韦，也是他的公司之一，是美国第三或第四大的公司。去年这些公司为他盈利250亿美元。

最近他被问到，“巴菲特先生，您是历史上最伟大的投资人。您认为今天最值得投资的地方在哪里?”他回答说，甚至不带丝毫的犹豫，今天最值得投资的是你自己——在能让你获得今天的收入的事情上，让自己变得更有价值。

在纽约，有人做了一项研究，他们向1000名顶级人士提出这个问题：如果你积累了10万美元，最值得投资这些财富的地方是?他们得到了一致的意见：将这些钱投入到让自己变得更加擅长于起初让自己赚到钱的事情上。如果投资到股市上，或者房地产或其他任何事情上，你的投资可能有涨有跌。它将受到100个因素的影响，它的价值取决于市场、投资专家、竞争等等因素。但如果将其投资在自己身上，你将永远拥有这项投资的100%，并将获得100%的回报。你完全掌控并管理着这项对于自己时间和金钱的投资，让自己不断学习那些与改善目前最重要的成果最密切相关的方面。这样做就是最好的投资。

我会再三重复这一点：最好的投资行为就是增强你赚钱的能力，让自己每一天都变得越来越有价值。

## 丹

为什么不同的职业会获得相应的特定报酬，甚至似乎其中的一些职业对我们社会而言极其重要，却也只能获得特定的收入，关于这一点存在着一种很大的误解。举例来说，一般的社会工作者，那些在养老院工作的人们，还有老师们，相比投资银行家、律师和那些说客，他们的收入微乎其微。为什么从事这些职业的人们，获得了社会更多的赞扬，而收入却比不上那些不那么受待见的职业。

## 博恩

与劳动力相关的一条伟大的经济法则就是供求关系。如果某个物品供应不足，而需求巨大，这会导致价格上涨，反之亦然。厄尔·南丁格尔在很多年前就做此总结，他说，你所获得的报酬与你的工作、你工作的质量，以及替代你的难易程度是成正比的。如果你是一位运动明星，你可以谈出1亿美元的合同，因为没有人像你一样可以获得那些分数，并且拿到那些网络合同。他们会支付你1亿美元，就因为你可以进球，你可以投篮。看看迈克尔·乔丹，这位价值10亿美元的球星，这就是最好的例子。

如果你再去看看其他的职业，甚至从事这些职业的人们是在为社会做贡献，他们也极容易被替代，因为能做那些事情的人成千上万、不计其数。那些工作没有高技能要求，不需要很多的脑力劳动。这些职业让人们可以得过且过，而混日子最大的悲剧就是，它让你只能朝着一个方向走。

人们会接受一些对技能没有任何要求的琐碎工作。我最近看到一位女性在抗议，要求时薪增加至15美元/小时。这位女性现在34岁，有7个小孩，在快餐行业工作，每小时的工资是8美元，她要求涨到15美元。好吧，她已经34岁了，从未动过一根手指来提升自己的技能，让自己增值，但她仍旧要求其他人出于某种原因会向她支付任何人都不愿意支付的报酬，因为她贡献的价值实在太低。

如果你贡献的价值高，另外一位雇主会愿意立即支付你更高的薪水。事实上，雇主招聘优秀员工的方法，就是去发现在其他公司工作优秀的员工，如果这位员工愿意来为自己工作，就给他加薪。这种换工作的方式最高比例达到了85%。别人会支付你更高的工资让你来为他工作。获得加薪的最快方式，就是把自己的工作做到无与伦比，那么你老板会给你支付更高的工资以确保你不会被另外一家提出更高薪酬的公司挖走。供求关系就是这个道理。

让我给你举一个例子。花旗银行在经济衰退时获得了一次紧急财政援助，而他们发现花旗银行向某一位商品交易员支付1亿美元的年薪。花旗银行人员被叫到国会委员会面前，被问到，“怎么敢在接受政府援助的同时却向某人每年支付1亿美元的工资?”他们说，“这个人只拿佣金，而他为花旗银行每年创造40亿美元的利润，就因为他是世界上最聪明的商品交易员。他有能力感知到某个商品价格会朝着特定方向改变。并且他为我们，也就是银行，每年创造了40亿美元的利润。在这个利润中，我们只不过拿很小的一部分佣金作为他的酬劳。我们向他支付1亿美元，也就是他所创造利润的1/40。这就是当时说好的。如果当时我们说，这个报酬太高了，那么那些想用相同或更高的待遇立即将他挖走的竞争对手会将我们包围。”

这个人是无法替代的。他终其一生都在学习商品交易的技能。再者，他可能具备超级特殊的敏感性，一种独一无二的直觉。你要整合所有的技能，就像明星运动员一样。你必须做更有价值的事情，而且必须做得比其他任何一个人都要好。你必须建立起自己的口碑。

在我的公司里，有22名员工。我一直会在他们提出要求之前给他们加薪，这就意味着任何人都不需要走到我面前对我说，“请问我可以加工资吗？我在这里又工作了一年，又获得了更多的经验。我可以加薪吗？”他们不需要这样做。当价值提升时，每个人都会加工资，他们不需要等一年。一旦发现他们工作出色、创造了巨大的收益，那么突然间我们就会给他加薪，不仅仅是说应该给他们加薪，更是因为这是他们自己用双手赢来的。那只不过是他们为公司创造的额外价值的一部分。我们也不希望他们被其他公司挖走。

## 丹

你认为现金、信用卡、借据、房屋净值或投资是金钱的相同表现形式吗？为什么？各自有何不同之处？

## 博恩

区分这几种形式最重要的因素是，它们是否产生了收益。你投资自己的公司是为买原材料、聘请员工，生产产品，并实现盈利销售。这个循环是完整的，也是所有企业财务运转的方式。

创业时，没有人愿意借给你一分钱，因为你没有任何业绩记录。我听过一位大学教授对自己的商科学生说，“创业开始时，不要动用自己一分钱。只用银行的钱。自己的钱你需要省下来维持自己的生活方式与花费。所以你要去银行，申请从银行借款来创业。”

这个人是个十足的白痴。我经营企业多年，如果是开办一家新公司，银行不会借给你一分钱。银行不会做任何有风险的业务，它们做的是提供安全的贷款。而你要做的是向银行证明，这比贷款安全无疑。

28 年前在圣地亚哥，我创办了现在这个企业。我走进银行想获取信贷额度。银行工作人员说，“我们很高兴为您提供信贷额度，但是您必须提供交叉担保。”“交叉担保是什么意思？”“嗯，我们需要您所有版权协议的留置权。需要您在一个固定账户上存入 5 万美元。需要你的车子和所有家具的留置权。我们需要抵押品，价值等同于提供给您的贷款数额的 5 倍。”

我说，“那也太过分了。”他们则说，“接不接受取决于您。”所以我们接受了。这就是创业时你不得不做的事情。我们借了一小笔钱，幸运的是，公司现金流很不错。之前我们必须经常重新获取贷款额度，但随着时间的过去，我们已经达到了某个信用等级。上述所有追加的担保依次撤销，现在银行只需要我的一份个人担保即可。

他们说，“创业时，永远都不要做出个人担保。”说这句话的人肯定疯了，没有个人担保的话，甚至别人连一张信用卡都不会给你。

如果你投资的项目，例如房地产或工厂的股票或债券，如果创造的收益高出投资的成本，这就是一个好的投资。如果你投资在其他事情上，投资的钱花掉了或者一去不复返了，又或者利率过高，如信用卡一样，那就不是一个好的投资。好的投资能够产生高于成本的现金收益。不好的投资只会消耗投资成本，不带来任何回报。

如果你投资是为了赚更多的钱，如果你将钱投资在能给自己带来收益的东西上，如果你投资一台计算机，并且通过使用这台计算机，可以加快技术转让和知识产权的开发，实现让自己盈利的目的，那么这台电脑就是一个非常好的投资。它为你带来的投资回报远远超出了投资成本和折旧。

## 丹

请你解释以下这些概念之间的差异：财富、财务自由和收入。它们之间有着怎样的关系？一个人收入高的人，他的财富值会低吗？是不是所有财务自由的人都很富有呢？

## 博恩

问得很好。有个玩笑是这么说的，根据帕金森定律，收入最高的人距离无家可归只有 2 个月时间。帕金森定律中有一条是说，一个人的支出会增加到与收入持平。不论收入多高，你的支出是相同的甚至更高。美国人平均生活开支是自己收入的 110%，其余用信用卡、贷款、房屋抵押等等来支付。他们东拼西凑，根本没有现金。

美国人在退休时，平均净资产相当于今天的41000美元，再加上社保——这是在人类历史上最富有的经济体中生活和工作了40或45年之后。为什么会这样？因为他们认为高的收入等同于财富。真正重要的只有一种财富，这是我是从一位移民身上学习到的，他来到美国之后变得极其富有。他说，唯一重要的一种收入是你的钱所生的钱，是由于你自己的投资而获得的收入。

他说，收入不是财富。收入只是维持你的生活方式。唯一的财富是从其他来源获得的现金流。就记住这一点：财富是从其他来源获得的现金流。我所认识的、最富有的人，口中谈论的往往是从其他渠道获取的现金流。当他们分析某一项投资时——这一般花费半年时间——他们会提出的问题是，该投资创造的现金流能否大大超出投资的成本和资金的成本？并且，该投资创造的现金流能否高于任何其他资金用途，任何其他投资选择？

你会发现，最聪明的那些人对待投资都极其谨慎，就是为了确保投资回报会大于投资成本。

## 丹

在你看来，金钱在一个人的生命中应当占据怎样的位置呢？

## 博恩

如果你去问那些企业家们，不论是已经成功的还是仍然在努力的，金钱对他们意味着什么，他们给出的回答往往是一个词：自由。自由是成功致富的动力，它意味着我是自由的。过去我常开玩笑说，自由意味着你去到一家餐厅，点菜时可以不用查看餐单右边的价格栏。

人们爱自由。如果不是重中之重，自由也是人们最看重的其中一点。永远不会有人认为自己拥有了太多的自由。很多人想的是，别人拥有了太多的自由，应当制定法律约束他们，应该向成功人士征税，规范他们、处罚他们。但是说出这些话的人们认为自己就应该获得自己想要的所有自由。

作家芭芭拉·安吉丽思问过一个绝妙的问题:“什么时候你会知道自己的钱已经足够?而到那时候你又会做什么?”金钱代表着自由,所以让我们看看你需要多少金钱才会感觉完全自由。在我的商业培训课程中,我会让人们确定自己所需要的数额。你的那个数字是多少?你需要在每个月和每年实现多少资产以及现金流,才会停下来?

白手起家的百万富翁们,会投入大量的时间来思考这个问题的答案:我需要多少钱才能维持自己理想的生活方式,而真正实现时我又会做什么?接着就将重心放在这个问题的答案上,短期内做出巨大的牺牲,希望最终能积累特定数额的净资产、产生特定数额的收入,让自己自由,让家人自由,让子女自由。

他们不会停止工作,但获得自由的那一刻就是转折点。在这个转折点上,他们可以参与慈善事业和其他活动,减少投入。但在前半生中,你必须全身心投入让自己获得财务自由,你必须在自己拥有最大的精力、动力、野心和机遇的时候来做这件事情。

## 丹

关于金钱,哪些榜样和导师教会了你最多的知识?请对他们以及他们每人教给你的重要知识依次做出简要的描述。

## 博恩

这些年来成无数成功人士自己写的和有关成功人士的书籍、文章和采访,我均已研究过——百万富翁、亿万富翁、超级亿万富翁,那些历史中最富有的人们。很多人开始时,一无所有。

历史上最富有的人实际上是一位德国银行家。他的名字是雅各布·福格,被认为是他所在时代最富有的人,欧洲文艺复兴时期的首富。开始时他没有多少本钱,接着开始做买卖。他是一名非常不错的商人，精明的贷出人，擅长于利用金钱，青睐贸易风险项目，等等。他的整个人生哲学就是，在金钱方面尽量节俭、谨慎、小心、精确、坚定、严格。他当时成为了欧洲的首富。

罗斯柴尔德家族从一个小规模的家庭开始，成为了欧洲最富有的银行家族，继而成为了美洲最富有家族之一。我多年来一直在研究这些人。

有时候你可以阅读一整本书，比如说关于洛克菲勒财团的书，然后获得一个想法，就这么一个关键的想法。约翰·戴维森·洛克菲勒曾经成为了世界上最富有的人。他的一个观点就是勤俭——勤俭、节约，并且降低卖给消费者的商品价格，也就是石油和天然气。他们称他为强盗贵族。是的，他就是一名强盗贵族。让自己的竞争对手们无路可走，最终真正控制了整个北美石油和天然气市场。

人们带来了反托拉斯的能手们，将他的公司分裂开来。但，他究竟犯下了怎样的滔天大罪？他对罪行，就是不断地利用规模经济降低给汽车、灯具和其他所有东西提供燃料的石油和天然气的成本，那么没人能以比他更低的价格来提供这些产品。他做的所有事情均是为了让客户获利，而他的竞争对手们认为这是一件很恐怖的事情。所以，所有他的对手们聚集到了一起，买通了政府，制定出法律以分解他的公司。

他们将洛克菲勒的公司分解成5大石油公司，被称作“五姐妹”。那些公司成为了世界上最大的5家石油公司，而那些竞争对手们仍然无法超越它们，因为它们不断地降低价格。

这些就是你可以学到的小知识点。如果想要事业有成，你就必须用客户想要的产品来满足他们的需求，且比任何其他人速度更快、方法更容易、价格更便宜，并且你必须坚持这样做。这是一条伟大的成功经验，我们稍后会详细探讨。

**丹**

博恩，关于金钱，大部分人的最大误解是什么？如何才能纠正这个误解？

## 博恩

哈佛大学总结了，在经济上获得成功的人们所具备的首个特质就是长期视角。今天在我们的经济中，人们急切渴望获得即时的满足感。这种渴望只是在扼杀人们的希望和梦想。长期视角意味着，你短期内做出的决策会在长期时间里产生巨大的回报，也就意味着，你努力工作，省下钱来，谨慎投资。让金钱在复利的神奇魔力下累积起来，这一点我们也会回头再讨论。

今天，65%的美国成年人认为，要在退休时实现经济独立的唯一方法就是中彩票。大部分人认为经济上取得成功就是一场赌博的游戏。那么当看到一个二十几岁就成为亿万富翁的马克·扎克伯格时，他们理解不到，他不过是几百万努力尝试的人之一。但对于扎克伯格而言，一切都完美地契合，所有星星都整齐排列——互联网的出现、快速数据处理的到来、社交媒体的开放。一切都在同一时刻为他完美契合在一起。

还有其他人，同样也赚取了十亿、千亿财富，但这一类人极其稀少。大部分人是通过努力工作、贡献价值、存钱、谨慎投资，让金钱随着时间累积起来，才获得了属于自己的财富。

第二章

# 对金钱的误解

在开始解释金钱的相关定律时，我们想要消除关于这个话题所存在的大量误解、半真半假的观点以及彻头彻尾的谎言。如果这一类想法隐藏在你大脑深处，它们会诱导你走上一条通往财富的错误道路，最终带你走进死胡同。博恩称这些错误的想法为对金钱的误解。这一章中，他将描述每一个误解背后的基础观念，接着对其逐一辨别。

## 丹

博恩，本章开始时，让我们讨论隐藏在大部分金钱的误解背后的那个基础观念：不劳而获的观念，这个观念是如何违背因果科学定律的，以及它又是如何导致人们在错误的财富道路上浪费多年的时光，最终却留下了破碎的梦想和空空如也的银行账户。

## 博恩

为何有些人终其一生都穷困潦倒，这存在诸多的原因。信仰法则认为，你坚信什么，它就能实现。关于金钱，很多人相信的是一些完全不可能的事情。在《爱丽丝梦游仙境》中，爱丽丝对疯帽子先生说，“你不可能相信那个吧。那根本不可能。”而疯帽子先生回答说，“不，我已经获得了一项能力，可以让我在每天早餐之前至少相信两件不可能的事。”

许多人们相信一些并非事实的事情。幽默作家乔希·比林斯过去常说，“伤害一个人的不是他知道什么，而是他知道的那些事情不是真的。”这对要经济上取得成功是致命的。

我想开始谈一谈所有定律之首，它真正意义上决定了发生在你身上的一切事情。公元前350年，亚里士多德，这名伟大的哲学家，制定了亚里士多德因果律，也就是我们今天称作的因果法则。在每一个人都相信上帝、相信奇迹、相信命运等的时候，他说，不，我们生活在一个有规律的宇宙中，每一件事情的发生都有原因；每一个结果，都有一个起因或多个具体的起因。如果希望达到某个效果，你必须很清楚地了解这个效果是什么，然后追根溯源至它的起因。

假如说你想收入翻倍，就去找到收入是你两倍的某个同行。接着弄清楚他曾经做了什么事情才实现了今天的收入。你会发现，今天收入是你两倍的每个人，曾经的收入只有你的一半。那么，他们肯定做了特定的一些事情。

如果你亲口问他们，他们会告诉你。如果你与他们没有私交，就去阅读他们的书籍、文章和采访，他们也会告诉你，因为收入高的人会十分慷慨地与其他人分享自己成功的方法。如果你去效仿那些成功人士，反复做他们曾经做的事情，根据因果法则，你也会获得同样的结果。

我们生活的世界受规律所支配，不是可能性，不是运气，也不是巧合。因果法则认为，凡事皆有因。每一个果都事出有因。这是人类命运的铁律，它说的是，万事皆有因，不论我们是否清楚这个因是什么。这是定律，也就意味着你也能掌控自己的未来。

每一个结果，成功或失败，富裕或贫穷，都有特定的某个或多个原因。每一个原因或行为都会造成一个结果或某种形式的后果，不论我们能否看到，也不论我们喜欢与否。艾萨克·牛顿，被认为是历史上最为伟大的物理学家，称其为作用和反作用定律。他说，每一个力都有一个与它相等且相反的反作用力，而这是宇宙间永恒的定律。

换言之，如果投入价值，就会收获价值——作用与反作用力。如果不投入价值，也就无法获取价值。你无法违背自然的规律。拿破仑·希尔，《思考致富》的作者，他曾经说，永远不要试图违背自然规律，不要期待战胜它。这是成功的一个主要原因。

这条因果法则表达的是，所有成就、所有财富、所有幸福、所有繁荣和所有成功均是特定原因或行为所产生的直接和间接的结果或效果。厄尔·南丁格尔过去常说，一个人不能坐在空空的炉子前说，“给我一点温度吧，我将加上木材。”事情并非如此。首先你应该放进去木材，然后才能获取温暖。先付出，后回报。

也像是农民对着田地说，“给我长出庄稼来吧，然后我会种下一些种子。”世界上到处都在说“如果他们要我工作更加努力，就必须先给我支付更高的工资。”不，你应该是更加努力工作、创造更多价值后，然后他们才会给你加薪——这是必然的——或者另外一个人会给你加薪。

这条法则意味着，如果能清楚了解自己想要的效果或结果，那么实现它就有可能。你可以去研究实现了相同目标的其他人，效仿他们，那么你可以获得同样的结果。我在全世界各地教授我的商业课程，包括我称作的“两天成就 MBA”，接着是“两天成就 DBA”（即“两天成就工商管理博士”），现在我所教的一门课程叫作“商业模式再造”。所有这些课程的基础是人们在打造成功企业方面所发现的一些公认原则和已经验证的原则。我像苹果籽约翰尼一样在世界各地走动，在走过的路上洒下苹果种子并种出苹果树。人们上完课程一年后回来找我，说他们已经彻底扭转了自己的企业状况。他们停止了做这件事情，开始做另外一件事情。在参加我的课程之前，他们从未听过这些事情，而现在自己的企业因为它们而彻底改变了。

有时候人们可以让自己的业务翻五倍。最近我在赫尔辛基。一年前有一位男士参加了我的研讨会，他说告诉我，参加研讨会后回到公司，他改变了自己的整个商业模式，业务因此在一年之内增加了五倍。他们从一家苦苦挣扎的新企业，一跃成为全国最成功的企业之一，成就惊人。

他就利用了因果法则。存在特定的原因引起了这个结果。他们之前从未尝试过这些事情，因此也一直困惑，为什么自己没能增加销售和利润。

当你明确了这些原因，并在自己的生活和活动中将其付诸实践，你将获得成千上万，甚至数以百万的人们所获得的相同成果。有趣的一点是，1900 年世界上有 5000 名百万富翁。当我在 1980 年开始研究这个主题时，世界上有 100 万名百万富翁，大部分分布在美国。截至 2000 年，数字为 700 万。今天，已经有了 1000 万名百万富翁，并且这个数字每年增长 10%至 12%。所以，数以百万的人们，通过用特定的方式去做特定的事情，从一文不名变成了百万富翁。

如果只有一个人成为了百万富翁，你可以说那是一个罕见的意外。两个人，你可以说是巧合，但如果数以百万计的人们，来自各种不同的背景，受到了你可以想象到的限制，他们都成为了百万富翁，那么这明显遵循着某些的定律和原则。

如果你可以去研究那些已经实现相同目标的人们，你也可以获得同样的成果。如果你能去做他们为了实现那些相同目标曾经做过的事情，你就可以获得自己真正想要的任何数额的财富。但不去做，你就无法得到。就这么简单。

我学到的一点是，大自然对谁都不会另眼相待，也根本不在乎。这不是说，宇宙间冥冥之中存在着某种巨大的力量，希望你出人头地。大自然是保持中立的，它会像自由女神一样，紧闭双眼，只说，如果你去效仿那些成功人士做的事情，就会获得同样的成就，如果你不去做，那就没有。

第一次听到这种说法时，我内心极其不舒服，但它就是成功的最大保障。你可以是彻头彻尾的混蛋，不论身高多少，不论皮肤是黑是白，是否接受过教育，也不论是新移民，还是祖祖辈辈就已经生活在这块大陆上，这都无关紧要。那就是为什么，每个人都想去美国、澳大利亚、新西兰、英国和芬兰，这些具备创业道德标准的国家。因为在这里你可以从一无所有开始，最终成功致富。每次我来到这些国家，我会看到来自印度、中国，以及世界各个角落的人们，他们都是百万富翁。抵达这个国家之后，他们就开始做那些成功企业家所做的事情。

因果法则，这一普遍规律，表达的最重要的一点就是，思维是因，条件是果。换句话说，思维可以创造条件。你的思维是生命中的首要创造力，你可以通过自己的思维方式打造自己的整个世界。生活中所有的人以及所有的情况，均由你个人的思维所创造。当思维改变时，你的生活就改变了，有时候就在一瞬间发生。

对于个人或企业的成功而言，最重要的一条原则是：你大部分时间在想什么，你就会变成什么。这是厄尔·南丁格尔的一条奇怪秘诀，但早在《圣经》当中也有类似表述："一个人心中如何想的，他就是什么样的。"你的思维或信仰，让你自成一体。甚至艾默生也曾在1858年做此表述：一个人大脑中整天想什么，就会变成什么。

有这样一条伟大的原则，你的外在世界是对内心世界的反映。所以，决定你的感受与反应的，不是发生在你身上的事情本身，而是你如何看待这件事情。决定你的环境或处境的，并非外在的这个世界，而是你内心的世界创造了自己生活的条件。

具体而言，你对金钱以及自己财务状况的看法，很大程度上决定了你今天的经济水平。出身富裕家庭的人们在生命中成功致富的可能性更高，因为那是他们成长的环境，那是每天周围所看到的东西，听到的东西，所以他们的世界观就是，如果你努力工作，提供价值，那么你也可以获得经济上的成功。

关于这个原则，有这么重要的一点，与人们失败的主要原因之一相关。它是世界上最严重的恶习之一——嫉妒。嫉妒和愤恨就像是孪生姐妹，到哪里都手牵手。如果嫉妒他人，你就会对他产生愤恨。接着，就会想要伤害他或者扳倒他。

针对这些嫉妒并且愤恨比自己更加成功的人，有一整套政治哲学体系。但事情往往是：对某个成功人士生出嫉妒与愤恨之心时，你自动在内心搭建起了一个消极力场。这个力场会将你获取成功或幸福的所有机会逼出来，除非你假装嫉妒他人，要么你就中大奖了。

如果你对他人心生嫉妒或愤恨，如果你批评他们，试图扳倒他们，如果你参与到一些与他们有关的讽刺、八卦消极的聊天中去，这对他们并不会产生任何影响。他们甚至都不知道你的这些小动作，并且坦白来说，他们不在乎。但是这些事情却会摧毁你所有成功的希望和梦想。永远不要纵容自己参与到那些指责或批评成功人士的对话中去。他们说，“哦，是的，他们可能是有钱，但肯定不开心。”

对于富人们，已经有了十分详尽的研究，我可以告诉你这一点：他们非常开心。他们很开心，相对于自己拥有的机遇而言，他们遇到的问题少之又少。因此，要一直赞扬成功的人们，带着敬佩之情仰望他们。

向他们学习，称赞他们，为他们的成功感到开心。那么你就开始创建了一个能量的力场，它会给你带来机会，让你可以变得像他们一样。

人们说，你的收入将是你联系最频繁的5个人的平均收入，不论这个说法是否真实，但能如此思考的确不错。你的平均资本净值将是你交往之人的资本净值的平均值。为什么？因为你会养成与这些人类似的思维习惯和态度。

拿破仑·希尔说过，智囊团原则是他自己所学到的最伟大的成功法则。该原则表达的是，你与其他以成功为导向的人定期会面，谈论你所学到的知识、看过的书籍、对你行之有效的方法以及以往的发现等等。

这个智囊团法则会让大家互相滋养各自的大脑，那么智囊团里的每个人对其他每个人以及他们的可能性都抱着积极的看法。似乎智囊团是所有巨大财富的触发因素。你开始结交相同水平或者更高水平的人，你会开始变得像他们一样。我可以告诉你一些关于智囊团法则的故事，绝对精彩。

你由衷相信的东西会成为你的现实。我们面临的最大挑战就是限制自我的信仰，我们认为自己在某个方面或多个方面受到了限制。对我而言，多年来一直阻碍我前进的，就是别人曾经告诉我，如果你没有受过良好的教育，没能高中毕业进入大学，你永远都无法成功。我高中没能毕业，考试没通过。

许多年，我做的都是一些体力活儿，并且，我已经接受了自己就是一名体力工作者。如果失去了一份体力活，我就会去找另外一个体力活儿。如果失去了洗盘子的工作，我就会去找洗车的工作。如果洗车的工作丢了，我会去建筑工地或清洁公司找工作，或者去贮木场堆木头，或者去一家工厂往螺栓上面安螺母。我只会去找体力工作，因为别人曾经告诉我，如果你没有受过良好的教育，你的一生将一无所成。我接受了这种说法，直至我进入销售行业，从最底层开始，最终开始成功。我开始赚很多的钱，甚至收入超出了身边从最优秀的大学毕业的那些人。突然我意识到，自己被骗了。

成功的起点就是质疑你所拥有的那些自我限制的信仰，这一点三十几年前我就开始在自己的培训班上教授给学生。有一个关于魔鬼的故事，这个魔鬼带领一个人参观地狱，就像观光旅游一样。魔鬼向他展示了可以将人送进地狱的所有方式，贪婪、欺诈、酗酒、吸毒和犯罪。这些就是魔鬼用来摧毁地球上的人们，在他们死去时拉他们下地狱的方法。

魔鬼带着这个人走进一间特别的房间，这间房完全不透光，中央有一个展示柜，类似于珠宝展示柜。有个光点，向下照射在这个玻璃展示柜中的物品上。这个物品看起来像一个放在门下面防止关门的楔子。魔鬼说，“这是我的最爱。由它带入地狱的人超过了人类生命中的任何其他因素。”来访者问到，“那么，它是什么呢？看起来像一个门楔子。”魔鬼回答说，“不，不，不。那是自我怀疑的楔子。一旦我把它放到一个人的大脑里，那时他们就开始怀疑自己以及自己的能力，开始怀疑他们获得成功的能力或自律的能力，或努力学习或攒钱的能力——如果我能让他们开始怀疑自己，他们所有的能力都会消失不见。他们迟早会来到这里，在地狱中永远和我在一起。”

自我怀疑是一种会限制自我的信念，你必须意识到，如果能够克服那些自我限制的信念，你就能改变你的生命。我是这样教大家的，我会说，“想象这里有家信仰商店。你可以走进去买一个信仰，把它放到自己大脑的潜意识主程序中。如果你可以任意选择一个信仰，哪个最适合你购买？”答案是，购买那个相信自己会在生活中大获成功的信仰。将它插入你的大脑，不断对自己重复，“不论发生什么。我将在生活中获得巨大的成功。”

要去寻找所有的证据来证明这一点。有人因为你出色完成了某件事情而对你啧啧称赞。你要说，“这是真的。我就走在通往辉煌人生的路上。”当阅读一本书时，你发现了一个关于如何更加成功、如何设定目标的新观点，对自己说，“是的，这正是我计划的一部分。我一定会功成名就的。”

威廉·克莱门特·斯通去世时身价8亿美元，相当于今天的几十亿美元。他白手起家，在芝加哥大街上卖报纸，不知道父亲是谁，仅母亲一人照顾他长大。他教导所有人成为反偏执狂的这个原理。如今，偏执狂是指，某人认为所有事情都是他人想要伤害自己、毁灭自己的阴谋的一部分。很多人都是偏执狂患者，认为劫数难逃。不论发生什么事情，他们想到的是可能发生的最坏结果，这在特定的成长环境中很常见。斯通说，相反，不论什么时候事情不顺时，要想象，存在着一个巨大的秘密计划，不是为了伤害你，而是为了让你成功。所以，发生任何事情时，要去研究它并且说，“很好。我想知道，这件事中有什么可利用之处，能让我变得更加成功。因为，我的人生必定事业有成。”

多年前，在开始做演讲之前，我就学到了这一点。当我的孩子们一个接一个出生时，只要他们开始懂一点点英语，我就开始告诉他们，“顺便告诉你，你将来一定会获得巨大的成功。”成长的过程中，我会告诉他们，“你们以后会出人头地的。”

随着他们一个接一个进入社会，长大后，我仍然会告诉他们，“你们的一生将会事业有成。”而他们会说，“是的，但是我要做什么，怎么做呢？我不知道。”我回答说，“不要担心，你会尝试很多东西，但终究会获得巨大的成功。”

我会一遍遍重复这句话，因为我知道，对年幼的孩子们而言，父母亲的影响力是巨大的。你实际上是在向他们传达一些信息，这些信息可以成功避开他们的显意识，永久记录在他们的潜意识上，开始自动生效。所以，我清楚自己在做什么，我会反复重复这一句话。现在我的孩子们均已长大，他们都完全相信自己会出人头地。他们努力工作、诚实待人、深受喜爱、亲切友好、积极乐观，从不消极沮丧。他们就是这么开心，全心全意地投入到自己的工作和其他事情中去。并且他们都做得不错，因为在他们年幼时，我就将这种信息编入了他们的大脑中：无论发生什么事情，你们终将获得巨大的成功。这种信息，成功碾压并且消除了他们曾面临的每个暂时性的失败或困难。

那么，如果你的目标之一就是成功致富，有一条科学原理就是，绝对相信自己必定能够成功致富。认为每件发生在自己身上的事情，都是宇宙为了让你成功而安排的伟大秘密计划的一部分。接着你要开始说，“天哪，我遇到了这个挫折，而且我吸取到了这个教训。”

很多年轻人会踏上创业的冒险旅程，然后就是破产，或者一败涂地，失去了所有的时间和资本。这种事情屡见不鲜，回顾往事时，他们会说，“谢天谢地那时候我破产了，把钱都赔光了。因为如果没有破产的话，可能现在我仍然在那家公司奋力挣扎。可能多年过去后，仍然不会成功。现在，就因为之前那次不幸，我才得以成功致富。”

这是克服认为自己受到任何限制的这个错误观念的关键。事实是，没有人比你更优秀，也没有人比你更聪明。别人已经做到的任何事情，在合理情况下，你同样可以做到。永远不要把自己与那些亿万富翁相比，就比较那些曾经与你上同一所学校却比你更加优秀的人。

再强调一次，这一点来源于最新的研究：成功人士往往选择比自己略胜一筹的人作为比较对象，这称为社会比较理论。这一点得到了利昂·费斯廷格在哈佛所做研究的验证。人们将自己与向上发展的成功人士比较。不论具备怎样的既有成就，他们总是看向阶梯上方接下来那个台阶。

这个观点表达的是，努力成为那些社会地位更高的人，不要试图把他们拽下来。试图把他们拽下来，甚至心里这样想或者嘴上这样说，都不会对他们造成任何影响，但却会扼杀你成功致富的机会。所以，管好你的嘴巴和大脑，因为，人如其思。

## 丹

让我们依次讨论每一个错误的观念。第一大误解：通过思维的力量，你就可以将金钱和财富吸引到自己的生活中来——吸引力法则背后的基本观点。请描述一下这个观点在主流文化中表达的思想，以及为什么充其量它只是半个真理。

## 博恩

吸引力法则可以追溯到4000年前。写下这条法则的那些人，对它也仅仅是一知半解。很多年前我就开始研究古代大师们的一些形而上学的作品，并且对其进行了细致入微的研究。

吸引力法则是指，你是一块活的磁铁，你总是会将与自己的主要想法相一致的人物、条件和情况吸引至自己的生活中来。所以，当你有了某个想法时，要记住：人如其思。

吸引力法则必须与其他法则组合在一起，这包括一致性定律。后者表达的是，你的外在世界是内在世界的反映。不论眼光落在何处，都能看到自己。就像是你生活在一个360°圆形镜子中间。不论看向哪里，你都能看到你自己，并且你的思维，你的主要思维，就通过三个主要方面反映在你的生活中：你的健康、同伴和经济状况。

首先，你的健康反映了你看待食物、营养、膳食、运动等等事物的方式。这里快速问一个与主题无关的问题，他们对此也做过研究。为什么人有胖瘦之分？答案是，苗条的人——使用的是长期思维原则——想的是，今天吃完这些东西后第二天可能会产生的感觉和表现的形象，那么对自己的膳食就稍微挑剔一些，因为他们想要感觉轻盈、苗条和健康。

超重的人只会想到进食的那一瞬间所带来的感觉和愉悦，他们满脑子想的都是，那种感觉多么享受。因为你的食欲平衡中枢，也就是你进食的欲望，在咬下第一口后只会持续20至30分钟，所以他们会尽快吃，尽量多吃，直到自己的食欲平衡中枢关闭。这样做的结果就是，他们把自己的胃撑大了，也就意味着以后可以吃得更多。

体重超标的人只会狼吞虎咽，拼命地吃。体重过轻的人想的是明天要看起来并且感受到苗条。所以，你总是能看出别人大部分时间在想些什么。第二个方面与你的人际关系相关：你总是会把志同道合的人吸引到自己的生活中来。那么，一个真正积极乐观的人，似乎身边围绕的也都是积极乐观的人。

最后一个方面与你的经济状况相关。通过观察一个人把什么东西吸引到自己生活中来，就可以看出他对金钱的看法。

那是起点，但其内涵比这一点要更有深意。有些人写了一些书，他们的书所表达的意思是，你要做的只是思考快乐的事情、想象财富和成功的模样，那就足以将它们吸引过来，但这绝非事实。《圣经》中说，没有行动的祈祷就是死的。有这么一首小曲儿唱的是，祈祷，然后移动你的双脚。它的意思是，你必须得非常努力地去搭建起那个能量的力场。如果不持续做一些与能量力场协调一致的事情，那么要搭建一个永恒的能量力场以获得经济上的成功是不可能的。

另外一个定律称为振动法则。这在音乐界是一个耳熟能详的法则，它的定义也被大家所熟知：世界上每一种物质都处于振动状态，就像音叉一样。岩石会振动、特定的植物和动物能振动。有这么一个例子：想象在一个大房间中，两侧各有一台钢琴。你走进其中一台钢琴，按下降 C 调的键。接着穿过房间走到另一台钢琴前面，这台钢琴的降 C 调键会与第一台钢琴发出的声音产生共鸣，随之振动起来。

这类振动，或者是我们称作的和谐共振，就是你在人际关系中所看到的。诗人纪伯伦 100 年前曾写到过这一点。他曾说，初次遇见自己的丈夫或妻子时，会有一瞬间的交汇，一种和谐共振。在这一瞬间，眼神交汇的那一刹那，这种共振立即发生，就在几秒钟以内。它要么就在那一瞬间产生，或者永远不会发生。

对于那些婚姻幸福的夫妻而言，不论这段婚姻维持了多久，他们会被问到的一个问题是，你们是如何相遇的？夫妻双方都会记得，和谐共振穿透拥挤噪杂的房间所产生的那一瞬间。他们的眼睛看到了对方，接着就是一种和谐或者共振将他们联系在一起。他们说，当遇到自己的灵魂伴侣时，你能够意识到自己找到了最好的朋友。就这样，没有小题大做，不存在痛苦伤心，也没有大起大落。它就在那里。你们就这样走到对方面前，永远在一起了。我妻子与我结婚36年了，我们就在一瞬间认定了对方。现在也仍然记得当时眼神交汇的那一瞬间，那一秒钟。这就是吸引力法则的一部分。

人们不会谈论的一点是吸引力法则的反面，称作斥力法则。如果你拿两块磁铁，试图将同样的两极放在一起，磁铁会互相推开，许多电气设备也运用到了这一点。发动机会以某种特定方式转动，而如果磁铁被放错，发动机则无法工作。因此，如果你的思维是消极的，那么即将发生的情况是，你会真正将自己想要拥有的东西推离出自己的生命。那也就是为什么我曾经告诫你，永远不要对那些经济上成功的人们抱有消极的看法。这样做，实际上你是在把自己所能拥有的成功致富的所有希望都驱逐出去。

有些人对金钱保持消极的观点，如“富人不是好人”。通常这是父母在你小时候教给你的，而当时他们也往往捉襟见肘或者对富人愤怒不已，等等。“富人不是好人。”如果你也这么认为，那你永远都不可能在经济上获得成功，因为你将会进行自我摧毁。

那就是为什么这么多人在大赚一笔之后，会沉溺于自我毁灭的活动中去。喜剧巨星罗宾·威廉斯曾经说过这么一句玩笑话，他说，可卡因是上帝在告诉你，你赚的钱太多了。时常你会听到这样的案件，某个出租车司机报警说，某人将装满了钱的公文包留在了自己车上，或者某人以另外的方式失去了一大笔钱，可以是在街上从自己车里掉下来。这都是一些自我破坏的潜意识行为，行为表达的是，人们并不认为自己应该成功。

吸引力法则的另外一个重要部分是值得的感觉。这是一个很大的问题，几乎所有麻烦都源自人们认为自己不值得拥有那些发生在自己身上的美好。他们表面上废寝忘食地工作，但内心却是消极的振动。从外部看来，他们实际上在卖命工作，每天工作16个小时。有时候他们会过度饮酒、过度进食。他们会毁灭自己的婚姻和家庭。他们会患心脏病或者其他疾病等等。他们会赚很多钱，但接着就会开始自我破坏的行为，因为内心深处，他们认为自己并不值得拥有这些财富。他们已经建立起这个斥力法则，而为此付出的代价，则是失去自己曾经拼命努力获得的所有成功，这条法则就这么将所有的成功驱逐出了他们的生活。

我曾经有一位朋友，他打造了美国最大、最成功的企业之一——一家数百万美元的企业。他出身十分贫穷。有一天他的会计走到他面前，说，“你知道吗，如果我们在收银机上稍作一些器械调整，每次交易我们都可以抽出几美分，而这些钱会有点像消失了一样，进入另外一个账户。”

刚开始，他需要那笔钱。而后来随着生意不断扩大，这个数额也就增加到了数百万美元，后来他被抓了。因为警察给了向他推荐这个方法的人一个机会，要么举报一些信息，要么就蹲监狱。于是他举报了自己的老板，这个自己曾经推销过的人。他的老板——富有、成功的程度超乎你的想象，是一个国家的传奇人物——被送进监狱长达8年。就是这么一件难以置信的事情。由于自己贫穷的背景，他滋生出不论如何自己不值得拥有这些财富的感觉，所以让自己牵扯到了这些自我破坏的行为中。

吸引力法则是你那些情感化的思想，就像一盏灯。你可以拥有一盏灯，并且说这盏灯发出来的光十分漂亮，但如果没有连通电源，它就不会发光。思想本身不具备任何情感背景，它是中性的，基本上就是一种惰性物质。只有当你用一种情感来增强这个想法时，它才开始通电。

这就是为什么我们说，你生命中所拥有的任何东西均是被自己的思考方式吸引至自己身边来的。你可以改变自己的生活，因为你可以改变自己的思维方式。当你滋养出对经济成功的熊熊欲望并且随时随地满脑子都是这个欲望时，你就建立起了一个积极情感能量的力场，这个力场将把那些人物、观点和机遇吸引到你的生活中来，以帮助你实现自己的目标。

大脑中有一个指状的区域，被称为脑皮层，它负责网状激活系统。当你给一个想法或者欲望注入感情时，实际上你就向大脑的这个区域发送了一个信息，你的大脑接下来会对你外在世界中的任何事情都保持很高的敏感度，让你可能随时想起那个欲望。

假如你决定了，想买一台红色跑车：你突然开始到处都能够看到红色的跑车。你会看到红色跑车的广告，你会看到两三个街区之外有红色的跑车在转弯，你会看到车库里或车道上停着的红色跑车。这是因为你已经告诉了自己的潜意识思维，你对红色跑车感兴趣。这也是吸引力法则的一部分。

如果决定了想去夏威夷度假，你就会开始看到度假广告。如果决定了想减肥，你到哪儿都能够看到减肥广告。这是大脑帮助你在生命中获取成功的方式，它能帮助你生存下来，并且获得成功。

观察一下你现在的经济水平，你会看到它是如何与你的思维保持一致的。将你生命中所有美好的事情全部归功于自己。它们之所以存在，是因为你把它们吸引到了自己的身边。再环顾四周，看看那些自己讨厌的事情，也要为之承担起全部的责任。它们也是因为你才会发生，因为你思维中存在的一些缺陷。

那个缺陷是什么？而你又将如何处理它？你把什么东西吸引到了自己的生活中，或者哪些东西没有吸引进来？让我们举一个非常简单的例子：白手起家的百万富翁。很多年前我开始研究这个方面。曾经某一家公司问我，是否可以为他们 800 名独立企业所有人和经销商们，做一堂讲座，主题则是关于如何成为白手起家的百万富翁。我回答说，当然没问题。挂了电话之后，我意识到自己已经 38 岁了。从青少年时代开始我就一直想成为一名白手起家的富豪，就像其他所有人一样。但当时的我仍然处于破产状态、仍然勉强度日、仍然负债累累。而且，我对白手起家的富翁也是一知半解。

讲座前我有 2 个月时间准备，所以我坐下来做了一番调查。我开始阅读一些书籍，从托马斯·斯坦利的两本书开始：《邻家的百万富翁》和《如何向富人推销》。我开始意识到，白手起家的富人们，是那些具备吸引财富的思维模式的人。这种思维模式是他们大部分时间使用的一系列思考方式。如果用他们大部分时间使用的思考方式去思考问题，你会开始建立起极高水平的振动。你会发出这种类似于无线电波的振动，并且，就像磁铁一样，开始往自己的生活中吸引所有自己需要的东西。

然后我就去做了那次讲座，效果很好。讲座名称是“白手起家的百万富翁的21个成功秘诀”。而且有人要求我再做一次，接着再一次。刚开始时，讲座是1个小时的形式，后来有人说，“我们有90分钟档的。你可以做90分钟的吗？”“可以。”“半天的呢？”最终演变成了为期一整天的一个演讲。做这场讲座花了整整一天时间，6至7个小时的演讲，穿插了休息和午餐，因为我不断地将那21个秘诀一一扩充。

最有趣的一件事情发生了——5年之内，我自己成为了百万富翁。这些秘诀我教得越多，我思考得就越多，那么实践得也就越多。大部分时间你在想什么，你就会变成什么。如果开始将这些秘诀教授给其他人，那么你将在更深层次上内化它们，开始增加振动的强度。如果带着确信无疑的态度去教授这些秘诀，真正坚定地相信它们，努力激发人们对它们的热情，你就会开始产生更高层次上共鸣。做出越来越多吸引财富的事情，越来越多的财富也开始出现在你的生活中。

大部分白手起家的百万富翁来自于创业，但是他们大部分人在成为百万富翁时，自己都未意识到。某一年，在努力了几年之后，他们的会计告诉他们，“顺便说一句，现在您的资产已经超过100万美元了。”他们会问，“真的吗？什么时候发生的？”他们如此废寝忘食地工作，专心致志，因此获得了丰厚的回报，甚至自己都没有注意到财富的累积，就这么发生了。

我的情况也是如此。某一天我坐下来填写一份表格，准备向银行申请贷款，需要列出自己所有的资产。我不得不把它们全部整理到一起，清晰地写下来。突然我意识到，“天哪，今年我的身价达到110万美元了！”我不得不打电话给我妻子。这是真正的净资产，是银行会承认的价值——房屋净值、公司内的资产、储蓄账户存款、股票及债券，等等。

对一个领域的研究越深入，你就越能创造有关这个领域的振动。思维越清晰，你就越能将自己所想的东西吸引至自己的生活中来。举例来说，如果想成为百万富翁，那就想象一张以你的名字为抬头的支票，金额为100万美元。就想着这张支票，就看着它。就想着那张开给你的、金额为100万美元的支票，然后你给它加上一个日期。

关于演员金·凯瑞有这么一个有名的故事，他曾为某部电影给自己开出一张1000万美元的支票。那时他不过是一名喜剧新人，刚从多伦多搬到好莱坞。当时他会去到好莱坞山上，正襟危坐，看着那张支票。支票是开给金·凯瑞的：一部电影1000万美元。他会反复地去看那张支票，不出几年，就有人花1000万美元邀请他主演某部电影。他说，那就是他曾经写在支票上的金额。

仔细看这一幅画面并且让它充实起来。你看，每次将预期的目标的这个画面注入大脑中，你的潜意识思维会对它进行抓拍，接着输入至你永久的潜意识程序中，反复查看。

另外一个可以看到这幅画面的方法就是，想象自己正在做那些为了获取财富会做的事情。很多销售人员会想象自己销售大宗的产品，向大客户销售，做成大笔生意，不论是销售保险、船舶、飞机、股票或债券。他们会在脑海中看见自己，想象自己与客户交谈，看到客户微笑着在支票上和合同上签字。

另外一个方法——我妻子与我就曾经使用过这个方法——就是开始寻找自己富有之后想要居住的房子。每个周六，妻子芭芭拉和我会去顶级富人区参加房屋开放日。我们会在那些极其昂贵的房子里四处走动，谈论以后自己家中想要的东西。我们会谈到各种东西，需要什么样的楼梯和后院，要游泳池、健身房，所有这些东西。这样持续了大概3年之内，我们就从出租房搬到了一栋漂亮的房子里，周围环境也十分优美。后来我们把这栋房子卖掉了，接着从加拿大搬到了加利福尼亚，在看过了150栋房子之后，我们走进了现在居住这栋房子里。

我们互相看着对方，都知道，这就是我们梦寐以求的家。这是我们曾经想象过、写下来、谈论过的房子，价格、条款等所有东西我们均可以负担得起，他们也接受了。一切就这么完美契合，我们已经在这栋房子里住了28年。随着年龄慢慢地增长，孩子们一个个搬出去，你会想搬到小一点的房子去，但我们从来不曾想过搬出这栋房子。他们说，可能我们会在那里住上一辈子。

换句话说，它跟我们曾经预想的房子一模一样。我们曾经写下了42个希望出现在我们这个完美之家里的东西。在看过了这栋房子之后，我们核对了那个清单。42个全部匹配，这是最不可思议的。

这就是你建立力场的方式。你要有强烈的渴望。换言之就是，你要祈祷、想象，对自己想要的东西勾勒出一幅清晰的画面，然后迈开双脚。因为只有在移动双脚的时候，你才在真正意义上击中了那个音叉。这就是你击中音叉并且创造振动的时刻。如果什么都不做，没有行动的信仰就是死的。如果什么都不做，什么也不会发生。

不幸的是，所有有关吸引力法则的书籍中，行动这个词从来没有出现过。他们想象着你可以不劳而获，并且——回到我们之前谈到的内容——这是最荒谬的误解之一，这个不劳而获的谬论。它的意思是，我的回报可以大于付出。

而真实情况是，你只能获得自己所创造价值的一小部分。正如纽约的人们所说：一大块中的一小片。在你所创造的价值中，你只能抽取一定百分比的佣金。所以，你只能从自己的付出中获取回报，而如果不付出，你就什么也拿不到。

这个不劳而获的观念正在扼杀全世界各行各业中许许多多的人。这个无需投入即可获得回报的误解、谬论，正在逐渐将人们变成心理罪犯。他们对那些富人感到愤怒，要求政府强制将他们的钱转移至自己口袋里，要求夺走那些成功人士的钱，要求惩罚他们等等。并且要求这些钱应该给他们自己，这些他们本不该得、也并非由他们所赚来的钱。那就是不劳而获这个观念的问题所在。你也知道，关于这个主题，我写了很多内容，也做了详尽的记录。实际上，今天世界上所存在的问题的每一个方面，均是对期望不劳而获的反映。

爱因斯坦投入了一生的时光去寻找统一场论。这个理论将会是能够对地球上所有事情做出解释的一个物理法则。爱因斯坦志在物理，而非人类。而我投入了几乎30年的时间去寻找一个人类生活的统一场论。我找到了，我称它为利己因素。它是指，人类本身没有好坏之分，但是他们总是去寻找最快捷、最简单的方法去获得自己想要的东西，很少考虑或从不考虑随之而产生的后果。

如果你可以理解这一点，那么它足以解释所有的问题。它可以解释犯罪行为、社会福利，也可以解释失业、醉酒、不思进取和懒惰。它可以解释所有的社会问题、国际问题，它也可以解释独裁者、小偷、罪犯和强盗的行为。历史上所有的战争都是掠夺的战争。

纳粹分子在第二次世界大战中做的第一件事情，就是去掠夺他们所侵略的国家。他们对这些国家进行掠夺，劫走所有可以搬得动的东西以及大部分搬不动的东西。那不过都是掠夺的战争。他们偷窃，不断偷窃，偷走了一切。

看看每一个征服者。萨达姆·侯赛因拥有的，什么，19座宫殿？当他的人民穷到没饭吃时，他却花费几十亿美元修建宫殿。乌克兰最近的领导人也拥有数十亿美元的宫殿。这就是纯粹的掠夺，不劳而获。渐渐形成这个观念很简单，因为要让它合理化，原本就不费吹灰之力。

所以，不劳而获的这个欲望，想要获取自己未曾努力、本不属于自己东西的渴望，是可以将世界上所有人的希望和梦想摧毁的东西之一。

## 丹

博恩，我知道你是艾茵·兰德的粉丝。她曾经说过一句经典的话，是这样的："乞丐希望能得到钱，往往希望得到别人的钱。"以这句名言作为背景，让我们谈一谈第二大误解：富人的时间都花在思考获得金钱的方法上。请谈一谈，为什么这并不真实，因为今天大部分的有钱人都在花时间寻找创造价值和/或财富的方法。金钱实际上是副产品，并不是重点。从事创造经济价值的公民们期望通过产生经济价值的工作来增加自己的价值，一个新的发明，或者新的业务，这些工作能产生以工资、升值资产等形式出现的净值。这一点又是如何遵循了因果定律的？

## 博恩

认为富人每时每刻都在想着赚钱的这个观点是不正确的。人类生活中最重要的一个原则是服务原则。厄尔·南丁格尔曾说，你获得的报酬一直都与你为别人创造的服务价值相等。每天你需要向自己提出的一个问题是，为了提高我为他人所创造的服务价值，今天我可以做什么？

回到耶稣和大部分伟大的先知们教给我们的道理，这些道理均与服务他人，帮助那些不幸的人们相关。奇妙的是，人类的构造如此独一无二，在 DNA 中就决定了，我们最大的快乐来源于服务他人。

我曾经与儿子、儿媳一起共进晚餐，他们有两个小女孩。我儿子是一个伟大的父亲，他妻子是一位伟大的母亲。两个小女孩就是那么快乐。父母脑中想的全是为自己的女儿们做些什么。养育孩子并且照顾孩子是为人父母最大的快乐之一。人们说，“噢，他们在这个年纪太讨厌了，他们那个年纪的时候太麻烦了。”他们从来都不讨厌。生孩子、照顾孩子给我们带来那么多的快乐，以至于我们将愿意为他们奉献自己一生的时光。当他们长大时，我们甚至会愿意忍受他们不那么感恩。

男性平均寿命比女性短 8 年，因为为了养家糊口，他会拼命去工作。因为家庭服务能给他带来快乐，达到了他愿意工作到麻木的程度。

服务是关键。当然，富人、成功人士，都想赚到盆满钵满，但金钱是衡量你是否真正服务到他人的一种方式。金钱是衡量你是否真正在工作、你的工作是否真正盈利的一种方式。金钱是市场、是大自然在告诉你，这种花费时间和精力的方式是有价值的。许多人无法理解这一点。所以服务是人们应当寻求的东西。不论什么时候我在旅行时，我都会去寻找能真正帮助别人的产品和服务。

让我们回到约翰·戴维森·洛克菲勒，他曾经是一名谨慎的赌徒。他从某公司一名底层的办事员发家，每周的周薪是 3.75 美元，但他却将其中的 1.75 美元捐献给慈善机构。他的生活就是这样开始的：将自己收入的一半捐给慈善机构，接着每周存下一点钱，慢慢累积。他一直在寻找方法去帮助别人。人们过去使用的是煤油灯。他就是首批找到生产煤油方法的人之一。

接下来，内燃机和汽车出现的时候，以更低的价格向人们提供可以改善他们生活的产品以达到服务他人的目的，这就是他所有的重心。他拥有一切与石油相关的东西，从油田至油泵、输油管、铁路、精炼厂，直至加油站，所以他可以不用支付任何中间商任何费用而不断降低油价，达到用更低的价格服务更多的人这个目的。

看看亨利·福特，他给世界的制造业带来了一场革命。当人们以小组方式制造汽车时，需要 300 个小时才能制造出一台汽车，因为这个小组的人要做所有的事情。福特，与自己的工程师一起，开发了生产线，用生产线制造汽车的速度可以使汽车的售价从 3000 美元降低到 300 美元。

真正制造汽车的那些人，那些工人，基本上处于当时社会的最底层，他们终于可以买得起自己生产的产品。亨利·福特改变了整个世界，这是他最大的快乐。通过制造所有人都可以买得起的车，通过做这么一件前无古人的事情，他在人生巅峰的时候，能够与世界上最富有的那些人保持着非常紧密的关系。

汽车曾经一度是富人的专属，是专门为那些能够支付普通工人两三年的收入来购买一辆车的人而生产的。但现在，普通人也可以买一辆车。后来又有人想到了预交定金与分期付款的方法。所以工人们只需用一小笔定金，分 3 年付款，即可购买一辆车。这改变了一切。

让我们看看西尔斯·罗巴克公司，他们因为想出了无条件的退款保证，公司成为了历史上最大的零售商之一。历史上之前从来没有人这么做过。他们对西尔斯说，你做不到的。西尔斯回答说，“我们的服务对象都是好人，如果我们通过自己的商品目录卖给了他们某个产品，他们会退货的唯一原因就是，这个产品不是他们认为自己预定的产品，可能是尺寸不对，颜色不符或其他原因。我们将要提供一个无条件担保。”结果，不到 5%人客户提出了退款要求。他们要求的是换货。99.9%的人说的是，“我可以就换另外一个颜色或不同的尺寸吗?”西尔斯·罗巴克一举成为历史上盈利水平最高的零售商之一。

让我们看看今天的沃尔玛。我真的很喜欢沃尔玛，几年前还曾经为他们工作，在他们的某次大会上发表讲话。曾经我为他们的某一个部门做了一个为期一天的研讨会。他们在圣路易斯市举办的年会期间——当时有 25000 人参会；我正在给 2000 名管理人员做演讲时——沃尔玛的董事长走进来了。每个人都停了下来。

他走进来，讲了一番话，大概 5 分钟时间。他说，我们沃尔玛的员工有一个非常简单的理念：我们代表的是那些靠着工资勉强度日的人们，他们没有额外的存款，在购买东西上不能出一点差错。我们的工作就是，通过我们的购买力，用尽可能最低的价格向他们提供最好的产品选择，然后对我们所销售的任何产品做出无条件担保，那么不会有人因为某一件产品而为难或者因为其他某个地方产品价格更低而陷入两难。我们的工作就是帮助顾客改善他们生活的质量和标准，那么他们可以为自己的家人购买更多想要和需要的东西。

他就讲了这一番话，带着满腔的热情！房间里的每个人都跳起来了，欢呼不已，因为那就是沃尔玛的理念：服务顾客。我们做的每一件事情就是把价格降低再降低，我们的顾客就可以购买更多必要的东西来改善自己的生活质量。

看看沃尔玛，拥有 11000 家店面——历史上最成功的零售运营商。公司里的每一名职员都在满腔热情地为他人服务。顺便说一句，今天沃尔顿家族价值为 1490 亿美元，因为萨姆·沃尔顿在去世时，将自己的所有遗产分割开来。如果你只看萨姆·沃尔顿的家族，到目前为止，他们几乎绝对是世界上最富有的家族，就因为这个令人难以置信的服务准则。

那就是富人们的想法。当富人看到一家酒店或某个房地产开发项目时，或者一家商店、一只股票、某个产品时，他们总是在寻找，自己如何能开发出某个产品或服务来帮助人们改善他们的生活质量。那就是他们所有时间里想的事情。那就是他们为之兴奋的东西，也是他们因此而获得回报的东西。

## 丹

让我们聊一聊关于金钱的第三大误解：如果只是为别人打工，要实现你的经济目标是不可能的，更别说发财致富了。这是否意味着大部分非企业家就致富无门或者没有办法实现经济独立了？请你描述一下，通过遵循一个严格的支出与存储计划，任何人都可以实现财务自由，纵然相比企业家而言，这可能需要更长的时间。

## 博恩

彼得·林奇，历史上最成功的投资人。他创建了麦哲伦投资基金，一个数十亿美元的基金，后来退休时已拥有巨大的财富。他说过这么一句绝妙的话："重要的是持有时间，而非入市时机。"

如果某人购买了一个共同基金或指数基金的若干股份，他们就真正成为了企业所有人，因为每一股股票代表着对该公司一定比例的所有权。白手起家的富翁中，有10%的人一生都在为其他公司打工。他们任劳任怨地工作，待遇丰厚，并且他们把钱存下来了。他们利用了递延薪酬计划——401 (k) 计划和 Roth 计划等等。他们把钱存起来，让它们慢慢积少成多。

人们退休时未能实现经济独立的原因是，他们将自己所赚的钱花到所剩无几。接着变得有些绝望，因为50岁的他们依然没有多少存款，然后就会开始孤注一掷，亡羊补牢，将自已仅剩的所有钱或者自己能借到的钱全部扔到某个"一夜致富"的投资方案中去，最终也必然失败。唯一从那些"一夜致富"的方案中赚到钱的都是那些兜售这些方案的人。所以，人们变得绝望了。

事实上，一个人每个月存100美元，将其投资到某个指数基金或某个管理良好的、保守的共有基金中去，他会发现，久而久之这笔投资将每年增长8%至10%，并且如果整个职业生涯中每个月都存下

100 美元，以这种方式，他们将变成百万富翁。这些数据着实有趣。他们说，今天开始工作的 100 个人，达到退休年龄时，当中有 1 个人会很有钱，4 个人手头还算宽裕，15 个人将实现经济独立，而剩下的 80 个人，要么破产，要么已经离世，要么还在打工。

为什么？这并不是因为他们没有赚到足够的钱。几年前我有过一次很棒的经历。当时我在做一场研讨会，谈论的是如果人们开始得够早、工作够努力、工作时间够长等等，任何人都可以成功致富。休息时，人们围在我身边向我提问，有这么一个身心均遇到障碍的年轻人出现了。

他大声喊到，“崔西先生！崔西先生！”其他人都安静下来了，他说，“我也可以变得很有钱吗？”接着所有人的眼睛都转过来盯着我。他说，“我在一家团体之家工作，在那里修家具。他们会付给我工资，而我每个月省下 100 美元。如果这样做，我也能变成有钱人吗？”就在那天之前，我看过那些数字，并且也看到了如果在你整个职业生涯中，每个月存下 100 美元，并将其投资到一个保守的共有基金中，那么当你在 65 岁退休时，这笔钱将超出 100 万美元。我重复了那些数字，说到，“你可以，如果你整个职业生涯中能每个月存下 100 美元，当 65 岁时，你将会是一名百万富翁了。你将会比所有那些四处闲逛、开着车、到处飞去旅行的其他人更富有。就算生命中没有多少优势，你也会变成百万富翁。”

要记住，开始得足够早、存钱的时间足够久、不去碰那些钱的人，就进入了复利的奇迹之中——在市场中持有的时间。你不需要是一位企业主，也不需要是企业家，你可以通过简单地投资其他的股票，拥有诸多在专家的带领下管理有方、经营良好的不同企业的小部分所有权，你也可以实现经济独立。

## 丹

接下来这个对金钱的误解，几乎每个人都认为是正确的。第四大误解：大部分有钱人生活在昂贵的小区里，开着豪车，挥霍无度。《邻家的百万富翁》这本书进行的突破性研究推翻了这一误解，向读者展现了，大部分富翁是如何在中等小区中生活，驾驶普通的汽车，往往更加节俭。那么是谁住着昂贵的房子、开着豪华的车子呢？让我们讨论一下，财富与收入之间的差异。在这两种生活方式中，你在哪里找到平衡点？

## 博恩

人的一生分为三个阶段：学习阶段、收入阶段，以及享受阶段。今天，当然我们会说活到老学到老，但是你的收入阶段就是你努力工作、积累财富、让钱产生利润的时间段，所以到了生命中某个时段，你会实现一个反转，也就是你投资所产生的利润将高出你的工资收入。在那个时候，你要开始减速，你可以开始慢慢地停止工作，可能5年或10年。接着你就可以通过小心管理好自己的财富，舒适地渡过余生。

野心，是大部分企业家的特点，也是表达他们饥渴的另外一种方式。之所以饥渴，原因在于他们出身贫寒。他们说，年幼时你最缺乏什么，成年后你就会努力追求什么。就像是匮乏性需求。这些企业家曾经往往觉得自己囊中羞涩，所以今天对赚钱就极其饥渴。他们会发现，创业、销售和努力工作就是赚钱的方法。

问题是，什么时候会出现逆转呢？一位银行家朋友曾经谈到过一位企业家，他走进银行表明自己想买一栋豪宅。我朋友说，一个企业是否出现了问题，你总能够看出来：企业终于开始盈利，而企业主却决定这就是可以放松的时刻。他们要买豪车，会通过银行去借款；他们要买豪宅，也是通过银行借款。而你就可以断定，他们很快会陷入麻烦当中，因为他们花钱如流水。

接下来，当然就是行业与市场的衰退和萧条，起起落落。公司业务回落，现金流被切断，并且这位企业主不能按时还款。汽车公司收回了汽车，银行收走了房子。而这一类银行往往要求最低20%的定金，所以银行有很好的抵押品作为缓冲。那么如果这个人想办法筹到了钱——往往他们设法从自己公司获取——那么银行仍然会借钱给他们，他们又拿回了自己的房子，直到经济下一次下滑。

我的银行家朋友说，只有在你度过了最苦难的时刻，实现经济独立了，你才可以开始买房子、开始大笔支出，才可以开始将自己的盈余进行投资。

这也让我们想起了沃伦·巴菲特的一个小故事。当他与妻子从哥伦比亚大学回到内布拉斯加州的奥马哈市时，他有能力买一间小房子，当时价格大概是25000美元。今天他还住在那里。

根据《福布斯》杂志，巴菲特是世界排名第三的首富，今天却仍旧住在那栋小房子里，从未搬出去过。他说，钱花得太快并不是好事，所以他养成了只投资钱而不花钱的习惯。如今他成为了历史上最成功的投资人。

关键是时机——当你拥有足够的储蓄时，如果你要买房子、如果整个世界迅速崩溃，你将仍然有钱买东西、维持自己的生活标准、养家糊口。但是如果花钱速度太快，你将要承受意外情况发生导致自己倾家荡产的风险。

### 丹

这里还有另外一个对金钱的误解，似乎越来越被大家认可，证据就是互联网赌博的兴起。第五大误解：你可以通过玩乐透彩票或在赌场博得头奖来实现发家致富。博恩，我知道你对这条误解有着独特的浓厚兴趣。请讨论一下，为什么这种方法如此风靡，以及，一个人可以如何用那些花在注定失败的方法上的钱，通过经科学验证的方法而实现成功致富的目的。

### 博恩

不劳而获这一个通病就像癌症一样，它引诱的方式十分之微妙，其中一个微妙的方法就是，花1美元就可以买一张彩票。追求或尝试不劳而获，都会摧毁这个人的灵魂。这是一种通过日积月累而引发的疾病。它开始吞噬这个人的精神和情感。

我刚从拉斯维加斯回来，在那里待了两天时间，住过两个赌场。我很多时间都在赌场内来回穿梭，因为这就是他们的设计目的。要回到酒店的房间，你就必须穿过赌场，经过那些赌桌和老虎机。在拉斯维加斯我一分钱都没有赌，因为这从根本上违背了我的人生哲理。而且，这无关数额的大小。聪明的人不赌，因为他们知道赌博从根本上就是错误的。

首先，在拉斯维加斯，没人能赢。如果赢了，你就会被拍照，继而被拉上赌场的黑名单，甚至这都不是什么秘密。如果你是一名专业的赌徒，而且你赢了，他们很快会给你拍照。他们坐在他们称作的“天眼”中，可以观察到你。如果发现你在赢钱，他们可以开始查你在所有其他赌场的情况，可以查到你在大西洋城、蒙特卡洛市的照片。如果你在另外一家赌场也赢过钱，那么他们会分享这一信息。

没人可以在拉斯维加斯赢到钱。人们不过是在延迟自己输钱的数额。幸运的话，在输光所有的钱离开之前，你在赌场待的时间会比别人更长。但它仍然会毁灭人们的灵魂。我曾经读过一篇旅行文章，文章中作者说到，“上周我从地狱里走了一遭，地狱的名字就叫做拉斯维加斯，地处内华达沙漠。”他说他看到了“世界上最悲惨、最郁闷的一些人在赌场中游荡，蓬头垢面、吞云吐雾，头顶着拖拉机帽子，身穿着汗津津的背心；还有那些肥胖的那男男女女，把自己孩子的午餐钱、吃饭钱、买玩具的钱和买自行车的钱在赌桌前赔得一干二净”。他接着说，“而他们的脸上满是绝望，因为现在他们已经堵上了那些钱，赔光了那些钱，一分也拿不回来了。”

当你在那里的酒店前台办理入住登记时，你会发现，酒店将所有的费用全部记在你的信用卡上，因为他们知道，许多客人在离开时已经没有钱可以支付任何费用了。我的一些朋友们，开着一辆全新的凯迪拉克，从洛杉矶去拉斯维加斯，回来时坐的却是灰狗公交车，行李不见了，车子不见了，输得一无所有。

成功人士不赌博。当某件事情会对自己的收入产生重大影响时，他们也会承担适当的风险。他们会选择一个产品或一项服务，先进行小规模的测试。接着谨慎投资以测试其效果。他们会做尽职调查以确保自己投入的金钱可以获得尽可能高的安全回报。

接着再看看会在那些赌场赌博的人们。他们往往没钱，没钱的人去赌博的比例远远超出有钱人。最花不起钱的人却拿着那些钱参加赌球和所有类似赌博活动。他们输的钱恰恰是他们自己输不起的，因为那些钱是直接从他们孩子口中夺来的。这些是吃饭钱。

这些人没有任何存款。这不是像他们每个月收入10000美元，支出5000美元，那么就有5000美元可以去挥霍。情况是，他们每个月收入2000或3000美元，花费却是3500美元，根本没有多余的一分钱。于是他们开始不顾一切。

我已经发现，赌徒们从来没赢过。他们总是差一点就赢了。你去问一个人，“你在拉斯维加斯战况如何？”他会说，“我差一点就赚了一大笔。差一点就赢了。”“但我看到你今天是坐公交车去上班的。”“是的，我不得不把车子留在那里。我得弄点现金。但是这次我差一点儿就赢了。下次肯定会赢的。”

早餐之前，他们就成功说服自己接受了某件完全不可能的事情。早上起床，他们就坚信自己真正可以赢回前天晚上输掉的钱。

我的人生哲理是，远离“不劳而获”的行为。年轻的时候，我母亲就告诫我，不要偷窃，不要做任何违法的事情，不要犯罪。大部分母亲都会这样过告诫自己的子女。所以我从来没做过，现在也不会做。我也曾告诉自己的孩子们，不要有任何不诚实的行为，永远不要犯罪。

我会对自己收入的每一分钱缴税。几年前，美国国内税务局曾对我进行审计，几个月的审计之后，他们回来对我说，“崔西先生这一类的人就是税务局真正喜欢的。他们收入高，会支付需要交纳的每一分钱税费。从不逃税漏税，也没有任何可疑的免税项。关于自己的税收，他们完全诚实。”你知道接着他说了什么吗？“我们永远都不需要再回来查崔西先生的账簿了。”

他们也确实没有再来过，因为他们心理清楚。他们非常专业地审核了我们的纳税申报单，而且每一分钱我们都认真对待。我们也像其他任何人一样，讨厌缴税，但试图不劳而获就是不对的，试图获得不是自己所赚的、本不属于自己的钱就是不对的。那就是为什么我会反对任何形式的赌博，因为它会摧毁赌博者的灵魂。

第三章

# 花钱的科学

## 丹

在我们开始概括金钱学的细节之前，让我们首先谈一谈每个人都会做的一件事情，不论穷人或富人，属于中下层阶级或中产阶级：每个人都要花钱。有很多人从来不存钱，从来不投资，也有少数罕见的人从不欠债，但每个人都会花钱。关于花钱，存在着一门科学：有钱如何消费，没钱又如何消费。

博恩，让我们首先对大部分人的消费经验进行描述，往往这就涉及了没有策略、没有计划地去消费自己想要的东西。你可以概括一位感觉自己没钱可存的普通中产阶级典型的一天，并且描述他们是如何消费的吗，比如说每天一杯星巴克，每天中午出去就餐，一时冲动就买衣服等等？并对比那些有计划或有策略消费的人。

## 博恩

让我们先回到花钱的源头。我们都是习惯生物：我们所做的事情中，有95%是习惯性的。我们经常这样做，我们不假思索、自然而然就做了。当你还是小孩子的时候，你的父母会因为你做了或者没做某件事情而奖励你一小笔零花钱。

我现在仍然记得，五六岁的时候，我父亲就建议我将自己少得可怜的一点零用钱中的10%存下来。那，对于我而言，简直无法接受。我想把那些钱花掉，去买糖果。于是我会拿着自己的零花钱，与母亲一起走进商店，我会拿它去买糖果。所以小小年纪的我就把赚钱与糖果、玩乐、享受、快乐联系在一起了。消费让我快乐。

我们年龄在增长，感觉却依旧如故。当拿到钱的时候，我们想的第一件事情就是，可以买什么？这笔钱怎么花会让自己开心？那就是为什么，如果去到某个旅游景点时，你会发现那里遍地的小饰品和垃圾。街道两旁的商店卖的都是彻底的垃圾、完全毫无用处的东西。他们的销售对象就是那些度假的人，而这些人假期的一部分就是沿着这些街道来来回回，买一些垃圾饰品。

如果你去问一个人，要是中彩票了他会干什么。他们首先会说的就是自己要买的东西。你必须改变自己的消费思维。不要想着，“如果有钱了，我要去消费，让自己开心，”而应该想，“如果有钱了，我要把它存起来，让自己开心。”

大部分人拿到钱时会做什么？有一天我在一家餐馆，当时餐馆拥挤不堪，我当时无法理解，因为那是一个周三晚上。其实，那是发薪日，餐馆里挤满了那些工资刚刚到账就急着把它花出去的人。他们去到昂贵的餐厅，尽全力消费。这是由于赚钱与花钱之间的联系。那么情况就是，对于花钱我们越来越轻率。很多的消费都是冲动消费，大量的购买行为都是人们在不假思索的时候发生的。这就是为什么，商店设计的目的就是为了让客户会一时冲动就消费，故意在每条排队通道末尾陈列一些你并不真正需要或想要的东西，来引诱你。

## 丹

好与坏的消费之间有何差异？例如，好的消费是指把钱花在那些会增值、很容易就买得起、最终从长远来看能帮助你产出更多财富的东西上。坏的消费，则完全相反。

## 博恩

时间和金钱，均是既可以消费也可以投资。如果消费了，那就一去不复返。如果投资了，你可以获得投资带来的回报。这就是人们无法理解的一点。在改善自己、在事业的早期提升自己赚钱的能力方面，你投入的时间越多，你赚的钱就越多，这些钱你存的越多，它增长得越多。

关于金钱有一条守恒定律。它指的是，决定你未来经济水平的，不是你赚多少钱，而是你能存多少钱。良好的消费是指你获得投资的回报，不把钱花掉，存下来。坏的消费是指，你赚的钱一去不复返，永远都拿不回来了。

## 丹

企业家吉姆·罗恩有一条关于财富的哲理，我们可以这样理解：“尽可能快地去做你必做之事，才可以尽可能长地做自己想做之事。”换言之，约束自己去做那些可能短期看起来困难的事情，那么长远来说你才可以过上自己想要的生活。

请评述一下，这一点如何与消费联系起来。观点是这样的：在生命的早期阶段中，勤俭节约，有计划性地消费，那么在生命的大部分时间里，你将拥有可以随意挥霍的财富。而如果对自己早年的消费方式不作任何约束，剩下的一辈子你将靠着自己仅赚的一点钱挣扎度日。

## 博恩

狄维士，安利公司的创始人之一，也曾经说过类似的话：你要做一些自己并不是一定想做的事情——早起、整天都努力工作、晚上学习、提升技能。长时间坚持做这些事情，好让自己余下的这一辈子都可以做自己想要做的所有事情。很多人想要拿起自己的蛋糕，一口吃掉。他们想要玩乐、消遣、享受，一直都要玩得开心。你会听到所有这些人在说，“工作应该是开心的，生活应该是开心的!”

丹尼斯·魏特利，作家与演说家，说过这么一句绝妙的话：大部分人一生所做的事情就是放松自己，而不是将时间投入到可以实现目标的事情中去。

阿尔伯特·格雷，另外一位思想家，他花费了超过12年的时间，努力寻找成功的秘诀。最终他发现秘诀其实非常简单。他说，成功人士养成了一个习惯，就是去做失败者不喜欢做的事情。失败者不喜欢做什么呢？好吧，他们讨厌做的事情正好也是成功人士不喜欢做的事情。他们也不喜欢早起、开始这一天、做好计划、努力工作、提升技能，但仍然会这么做，因为他们意识到，这是成功必须付出的代价。如果你不付出、不播种，就不会有收获。如果不付出成功的代价，你永远也不会成功。

有一个巨大的悲剧称作犹豫，也就是人们打算做某件事情。他们永远都是将要去做，但总是犹豫、拖延。最终一事无成。

在我的培训课程《赚大钱》中，我问，如果每个人都有可能在退休的时候实现经济独立，为什么他们还是赚不了很多钱？原因之一，他们从未意识到。他们从未意识到自己可以赚到很多钱，因为他们生活中没有任何一个人实现了经济独立。他们交往的人都是赚多少钱就花多少钱。他们认为世界本就如此。他们随波逐流，是从众心理。

第二个原因是，就算自己意识到了，他们也会一再推迟。他们说，“好吧，是的，我可以获得经济上的成功，但不是现在。一周、一个月、一年之后我再开始。”

第三个阻碍他们的是，对失败的恐惧。“如果我把钱存下来了，最终却亏本了或者并没有产生预期的效果，怎么办？”你要通过用极其谨慎的态度去投资、与专家一起投资，来避免上述情况。永远不要试图一夜暴富或一次性赚一大笔。永远都要收集充分的信息。

不幸的是，很多人害怕失败的另外一个原因是，“如果将获取经济上的成功作为自己的目标，我的朋友们都会对我评头论足。”解决这个问题的方法就是，不要告诉他们。你的计划、你的目标，只让你自己一个人知道。

最后一点，开始。做自己需要做的第一件事情：开立一个私人银行账户。开立一个财务自由账户，将自己尽可能省下来的每一分钱都存在这个账户中，存的时间尽可能长。最不可思议的事情就会发生。

我们知道，消费会变成习惯。你如何可以停止消费？第一点，开始记录自己的消费情况。如果需要债务整合，他们要求你做的第一件事情就是坐下来，将每一项开支记录下来，详细到每一分钱。而且你必须记录下来。没有记录下来就不能花钱，不论是用信用卡或现金。

有一些很好的手机软件可以帮助你记录开支情况。花时间想清楚自己究竟支出了多少钱，能让你更加意识到自己正在花多少钱。而意识到这一点往往能让你不去花钱。

我的朋友，大卫·巴赫，《自成百万富翁》的作者，谈论过“拿铁因素”：如果你会每天花 5 美元买一杯拿铁，那么你停止这个习惯，把那笔钱省下来，也就是一周 25 美元，一个月 100 美元。随着时间慢慢累积，这笔钱可以让你变得富有。当开始研究白手起家的百万富翁时，我了解到的另外一点是，他们从来不会买新车。某天我与一些有钱人讨论，他们也是在我的课程中了解到这一点。他们会买开过两年的二手车，质量好、开过两年的二手车，车况很不错，经机修工检验通过，接下来他们就一直开这辆车，不再换车。这类型的汽车已经无法再折旧，所以一辆 55000 美元的车你可以只花 35000 美元的价钱就可以买到手。

几天前，我与雷克萨斯的一位资深市场经理共进晚餐。他谈到雷克萨斯引进了一个再检定程序。如果你租一辆雷克萨斯两年时间，接着把车还回来，雷克萨斯公司会对其进行再次检定，提供一个 5 年担保并且将其再次销售。人们就可以买这类型的车，并且一直开下去。我也是这样做的。我一直等到自己找到一辆几乎全新的雷克萨斯，因为它被保养得很好，接着对它进行再次检定，也就意味着从头至尾对它检查一遍。接下来就可以永远不换车了，而且这种方式也省钱。

假如说，你买新车时省下10000美元。如果你将那笔钱投资到房产或者一个不错的指数基金中，三五年之后，有时候那辆车开了10年之后，那笔钱可以翻倍，可以翻两倍。翻倍之后的钱又可以购买一套房产或者用来支付某套房产的首付。你就有可能交得起一套公寓的首付，再把这套公寓租出去。那么租金就可以支付所有的利息和按揭，再者你还获得了投资的回报。

如果你开始定期这样做，结果会十分惊人。花出去的钱会持续增长，投资出去的钱也会不断增值，这就是好的消费。坏的消费是指花出去的钱一去不复返。

## 丹

如果某人真正想要积累财富，需要把哪一类支出从他的消费计划中清除出去？

## 博恩

首先，你需要意识到有些支出是固定的，如房租、汽车等等。所以不要住太大的房子。沃伦·巴菲特模式就是：事业起步时住在一栋小房子里，今天他还住在里面。如果巴菲特可以做到，你也可以做到。住小房子，支付的租金会更低一些。

这与帕金森定律有关：支出会增长到与收入持平。当大部分人收入增长时，他们会换更大的房子，就得花更多的钱。房子空间更大，他们就需要买更多的家具，而80%的家具他们永远都用不到。住在小房子里，拿着余下的钱，存起来，存定期、投资。记住：只有持续增加并且最终带给你回报的金钱才会对你有价值。

多年前我有过这么一个经历，早在20世纪80年代，当时我正在做房地产开发，是一个小项目。当时有一则通知，某一处公寓综合楼正在将每间公寓单独销售。你可以花1250美元加上每个月的按揭就可以买到一间公寓。我走过去看了，1250美元可以买的公寓总价为30000至35000美元。我对投资一窍不通，但可以想办法凑齐1250美元。我认为当时我用的是信用卡。

我买了这间小小的公寓，接着我发现这栋综合楼中的公寓租金是每个月275美元。于是我花了250美元一个月将自己的出租信息登在一份当地报纸上，很快就有了一位租客。是一名带着两个孩子的单身女性。她每个月向我支付250美元的房租，我自己需要每个月缴纳275美元或300美元的按揭。那么前6个月我亏了钱，后来我提高了租金，于是租金与按揭持平。六个月之后我又把租金一个月提高了25美元。

很快租金涨到了350~375美元一个月。一年又一年，她一直住在那里，其实她一直住在那里直到将孩子养育成人。她的孩子们在那里住着直到上学、上大学。她一共住了10年，而且我定期会增加租金。某个特定的阶段，那间公寓给我带来了1250美元的净利润。而我记得，我的初始投资资金就是1250美元！当她通知我，她的孩子们都已经长大毕业，她也即将搬出去时，我就把那间公寓卖掉了。

回想起来，我认为把公寓卖掉是我做过的最愚蠢的一件事情之一。在1250美元的初始投资资金的基础上，当时那间公寓每年的回报率是100%。一个100%的收益！如果我每年买一间类似的公寓会怎么样？每次你购买一套公寓，银行会借给你更多钱去买更多公寓，因为你已经向银行证明了自己在这方面的成功。

沃伦·巴菲特也做过这样的事情。他曾经购买了一些现金流非常好的公司，接着他用这些现金流去买更多具备非常不错的现金流的公司。就像是刚开始是一根小软管，很快变成了一根消防管，现在他每年收入250亿美元。那也就是每个月20亿美元的现金流，他可以同时使用这些现金流以及他从银行拿到的更多的资金。他想要多少，银行就会借给他多少。

如果我也能这么做，我可以拥有整栋的公寓楼，但是太年轻的我甚至都没有思考过这件事。任何人都可以这样做。如果你可以在附近找到一间正在出售的公寓，确保公寓没有任何欠款或抵押，自己也稍微做一些功课，接着支付首付后，你也开启了自己的房产帝国。

## 丹

这是很不错的办法，既可以买到有价值的东西，它又可以产生收益的。

如果某人真正想要积累财富，他可能需要考虑增加哪一类型的支出，例如：继续教育，高质量的商业设备以提高效率，等等？

## 博恩

厄尔·南丁格尔定律是：将自己收入的3%投资到自己身上，提升自己的技能。刚听到这个定律时，我就开始试验它，现在我会说，不要限制对提升自己技能的投入。

有几年时间里，我在自己身上花了数千美元。参加了一个为期两年的大学行政工商管理硕士课程。花费数千美元，但那是一次相当出色的投资。

最近有一位男士走到我面前，说，“大概8年前，我参加了你的研讨会，会上你把那条3%定律教给了大家：将自己收入的3%投资到自己身上。”当时他与母亲住在一起，一年的收入仅2万美元，开着一辆老爷车。

我说，“2万美元的3%是600美元。”他从我们最亲近的朋友南丁厄尔–柯南特网站上购买了几个音频课程，几本书，另外还去参加了一个研讨会。那一年他的收入从2万美元增加到了3万美元，那可是50%的涨幅，并且我曾说这是可以实现的。他说，那次收入的增加与他在课程当中学到的东西有直接关系。

那么现在，他的收入是3万美元，其中的3%就是900美元。第二年他就在自己身上花了900美元，他的收入增加到了5万美元。接下来的这一年，他给自己投资了1500美元，他的收入涨到了8万美元。他亲眼见到这个定律真正奏效，于是将3%增加至5%，而那一年他的收入几乎翻倍了。所以他决定完全相信它。在试验这条定律的第5年，他将比例增加至10%，收入翻倍。接着他就再试了一次。

我问他现在怎么样了。他回答说，今年他的收入超出了100万美元，仍然会将自己收入的10%投资在自己身上。我说，“10%，那也就是每年10万美元，你究竟怎么做到的？”他说，“挺难得。我过去经常会参加研讨会，现在聘请了一些研讨会的演讲家上门服务，对我进行一整天的指导。我请了一些专家教练，请了咨询师。我会去参加国家会议。有自己的学习图书馆，配备了电视机，收藏了视频、光盘、音频资料和书籍。要将10万美元花出去并不容易，但我的收入就是每年保持10%、20%、30%的增长率，而且这些费用是可以免税的。”

这条定律确实有效。《人力资源》杂志调查了全国范围内的公司，对于培训的投资可以产生多少收益。公司每投资一美元其收益范围在22%至33%之间不等。

就在几天前，我与一位超级女富豪谈话。她说，“22年前，我从南丁格尔–科南特网站上购买了你的一个音频课程。我和我丈夫听了一遍又一遍。当时我和丈夫结婚三四年了，有一个孩子，我们开始对自己说，‘我喜欢我自己，我可以一年赚100万美元。我一年就赚100美元。’所以我们开始不断重复那些肯定的句子，你知道后来发生了什么吗？5年之内，我丈夫到了华尔街，每年赚100万美元。就因为那一个音频课程，我们才成功致富的。”

还有一些人，在看了我的某本书、听了我的某个音频课程、参加了我的某堂课、某个辅导课程之后，就在接下来的一年里提高了自己的收入。我也有一位朋友，花费10万美元聘请了一位私人导师给自己辅导一整年，他的收入在第二年增加了100万美元。

所以，最好的投资、最佳的支出，就是在自己身上，让自己更加优秀。如果某人拿着一个投资项目找到你，说，“我希望你可以投资这个项目，它看起来是个很不错投资机会，未来潜力无限，”你会怎么办？你要看一看然后说，“不用了，我不会投资这个项目的。我不认为它有任何未来潜力，也不认为这将是一次成功的投资，所以它会浪费我的钱。”

这一点又是如何适用于投资自己的？在某个无意识的层面上，那些不投资自己的人们会产生不配、自我怀疑、不相信自己的感觉。他们已经认定了自己不值得投资，投资自身不过是在浪费金钱而已，因为他们本就没有未来。

某些人是否已经放弃了自己，你总可以看出来，因为他们不在自己身上投资。很多人听到这一点可能会很惊讶。然而这就是事实。因为有史以来最伟大的发现之一就是：只有通过观察你所做的事情，才能分辨自己的信仰，尤其是自己有所选择时所做的事情。你对事情的选择总是与自己最深处、最内在的信仰和价值观一致。

那么如果给你一个选择去买一杯拿铁或者一个 CD，如果给你一个选择去休假或参加一个研讨会，你选择了娱乐，你选择了放松的活动，那么也等同于你在说，这比自己个人的成长与发展更为重要。

反复做的事情就会形成习惯。很快，你就会养成永远不对自己投资的习惯，那么对你而言，习惯就成自然了。事实上，如果某人找到你说，“你应该买这本书——现在出了平装本，只要 12 美元。”——你实际上会对这个人生气，因为他在建议你走出自己的舒适区。你会气愤，会排斥，真正对这个建议你投资自己的人产生反感。

心灵作家露易丝·海曾经说过，人类最大的问题是产生这种感觉：“我不够优秀。投资自己没有任何价值，因为我不够优秀，并且投资自己也没什么用处，因为我没有未来。”你可以说，“我从未做出不投资自己的决定。”是的，你不过是默认了而已。

那就像是说，“我从未做过任何让自己不健康的决定。”但是，如果你决定了不运动，你也就用默认的方式做出了让自己不健康的决定。如果你选择不去提升自己，你做出了在生命中不断遭受失败的决定，因为如果不提升自己，你就没有未来。

另外一个思考方式是，问自己，如果你是一只股票，你愿意投资自己吗？你会买自己这只股票吗？答案也会让你惊讶。你认为自己是一支增长型股票吗？因为你的价值在不断增长，你是一支孤儿寡母都可以投资的股票吗？

许多年前，我的经济出现了问题。我破产了，需要钱。我的一位朋友，很聪明的一位男士，他对我说，“我可以借给你一些钱，前提是未来的利润需要分享20%给我。”当时我的业务没有任何利润，所以我说，“当然，肯定，绝对没问题。”他认为我是一支增长股，所以借给了我1万或2万美元，我正好需要这笔钱来挽救自己的公司。接下来我开始盈利，利润由1万美元增加到2万美元，接着是3万美元，而且我会给他20%的利润。

最后我把自己的灵魂从他手中赎回来了。我给了他4万美元，而不是任由他无限期地从我的收入中抽取利息。他那笔钱是最明智的一次投资，回报率达到100%，我也从未给过任何人类似的投资回报。

就思考这一点：你是一支增长股吗？你是那种会让我说“我会投资你这只股票。因为你价值增长如此之快，我也会因此赚到钱”的股票吗？

## 丹

对于企业家和小企业主而言，大部分企业主会犯的一些最大的消费错误是什么？

## 博恩

创业的第一大法则就是储备现金、储备现金、储备现金。也就意味着，可以租就不要买，可以短租就不要长租，可以借就不要租。可以短时间借就不要长时间借。那么，你永远都不会签订办公室长期租赁的合同，你只会按月交租，即使自己不得不搬。你会买二手沙发，这一点我自己也学到了。市场上有的二手沙发甚至不足原价的10%，对于现在而言也很不错。

我记得很多年前，公司要求我在加拿大西部设立某日本汽车的经销点。我在某个旧仓储区找到了一些仓库，买了一些二手办公家具，将办公室和零件部门和其他所有事项都安排在了仓库里。接着我的日本同事从东京过来看一看工厂。这位经理走进来说，“啊哈！便宜的办公室，便宜的家具。我喜欢这一点。小办公室，大利润。我们也喜欢看到自己的经销商获得高额的利润。”

他说，自己曾经总是看到经销商出去借一大笔钱，搬进全新的办公室，花高价钱享受一流的东西，一切都是崭新的。他说，几乎所有这些人在赚到足够的利润之前都已经破产。“小办公室，大利润。”他这样说。我永远也没有忘记这一点。

这是很重要的一堂课，很多在网络经济崩溃时破产的公司也学到这一点。这些公司曾搬进一流的办公场所，买的所有东西都是顶级的，接着现金就出现了短缺。

你要做的事情就是储备现金。能不花钱就不要花钱，把钱存下来，短期地借或者租，甚至如果必要的话找自己的朋友帮忙，但是一定要将现金储备起来，因为现金就像是大脑的养分一样。如果拥有现金，你就可以存活下去。如果没有现金，企业就会像是一艘船，被海浪打翻，立即沉没到海下。百年老店可能就因为现金流断裂而倒闭。

储备现金。那就是我曾经吸取的教训，因为我也犯过所有相同的错误。

## 丹

博恩，总结一下，关于花钱这个主题，是否有一些三大关键或三大原则需要大家铭记于心？

## 博恩

写下所有事项。最重要的事情是制订一个财务计划，将每一件事情的细节全部写下来。写下你认为会产生成本的事项，并再次确认。很多公司之所以破产就是因为他们低估了一些基本的家具、一些不可或缺的原材料、重要的人员和必要的广告成本，他们对此并未做尽职调查。由于自己在商场上曾经犯过的错误，“尽职调查”这个词，已经成为了我最爱的词语。人们在未获得足够信息的情况下会做出一些财务承诺和决定。

制订一个详尽周密的财务计划。把事项写下来能强迫自己谨慎思考。许多企业家都讨厌做预算，因为他们不是注重细节的人。那就找其他人来做，聘请一位会计，某位喜欢细节的人，将生意当中所有你可能会需要的事情列出清单。接着到各种商店转一转，货比三家。拿起手机再次确认，尽可能降低自己的开销。

第二点，尽可能推迟大笔的开销。如果你认为自己需要一套全新的计算机设备或类似的东西，推迟一个月、推迟两个月，这件事情并不紧迫。你会发现，销售这些东西的人会尽可能让你赶快买。如果他们拿的是提成，支票兑换时他们就可以得到提成了。

在个人和企业的财务方面，你都可以发现，任何决定如果推迟 30 天再去做，可能你根本不会做这个决定了。我们倾向于认为："哦，那个主意很不错：一辆新车、一台新电脑或者新的其他东西。"但是你推迟 30 天再做这个决定，那时你会惊讶地发现，自己的决策更加明智，并且自己很少会仍然需要这个东西。我已经决定，买东西时给自己 30 天的保险期。到了 30 天的时候，我甚至都记不起自己为什么有兴趣去买那些东西。所以，给自己充分的时间去考虑。

第三点就是，向那些更有经验的人或者那些对金钱极其谨慎的人取经。我就有一些朋友，对金钱就是极其谨慎。当我就特定的一些开支咨询他们时，他们会向我提供各种主意。不要买这个、不要在这里买、在那里买更便宜、你并不是真正需要这个东西、你可以在另外一个地方做其他事情。

有时候你可以租赁一些设备。杰夫·贝索斯，亚马逊购物中心创始人，刚获得世界第四首富的排名。他给亚马逊配备了所有这些云计算能力，实际上已经超过了亚马逊实际的需求，所以他开始把它们出租。现在他把云计算能力出租给了成千上万、不计其数的公司，每年这一项业务给他带来了几十亿美元的收入。

那么，如果你和我开始创业，我们就会去亚马逊网站，登录，购买我们所有必需之物。亚马逊也会将任何东西销售给其他人，正如易趣一样，所以你不需要自己开店铺，甚至也不需要自己建立网站。有其他公司会为你建立网站，例如，谷歌就提供这项服务。谷歌会为你把整个网站建立起来，那么全世界每一个人都可以购买你的产品或服务。总是有方法可以推迟一些开销，直到你绝对必须支付不可。而这个时候应该是，你已经很强大，存款很可观，这笔支出创造的收益已经超出了当时它的成本的时候。

第四章

# 债务的科学

金钱学的另外一个方面，也是无数人都曾经历过的，那就是欠债。这对每一个收入阶层和每一个年龄阶段而言都是司空见惯的。但是，你是否知道并非所有的债务都是平等的？你是否知道富人所产生的债务与中下层以及中产阶级大部分人的债务类别有着巨大的差异？跳出消费者债务这个深坑的最佳方法是什么？

## 丹

博恩，首先请你描述自己年轻时以及现在作为富有的企业所有人的欠债经历。你曾经是否与债务做斗争？如果是，你是如何逃离消费债务这个泥潭的？如果不是，为了没有债务负担，你又是按照怎样的原则来生活的？

## 博恩

高中结束时，我未能顺利毕业，所以只能做一些体力工作。那么当时不会存在真正的债务问题，因为没有人会借钱给我。我没有信用卡，只在银行有一些钱，仅够我的开销，并且买任何东西我都不得不用现金支付。

我这么工作了几年。去国外旅行，按照他们所说的坐 11 路车、搭顺风车、坐公交车和卡车、停下来到处打零工赚够钱再继续，以这种方式游历了80个国家。甚至当我通过销售稍微增加了收入时，也几乎都用现金支付，因为那时我在海外工作。我银行中有存款，但从来没有欠过债。随着时间的过去，我自己开始创业。我开玩笑说，当创建了自己的企业时，你再一次学会了卖东西。我把房子卖了，把车子卖了，家具卖了，手头上拥有的所有东西都卖掉了，并且我花光了自己积累下来的所有存款。我租了一间小办公室，因为当你开始创业时，除非初始资金庞大，否则你可能直接从悬崖摔下，一败涂地。

这里有一条规则，任何东西花费的成本将是预期的2倍，消耗的时间将是预期的3倍。如果你认为自己6个月就可以实现收支平衡，那么它将需要1年时间。每一件事情都将花费比预期更高的成本，会发生一些你从来没有想象到的事情。甚至当你做出了最完美的预算，净收入增长只增加到税前的50%~100%，最终事实仍会让你目瞪口呆。

结果，我深陷债务的泥潭。我借了一些钱，订购了一些物品：打印设备、邮件服务、家具、洁具、实用工具，从不同公司订购的一些必需品，我当时认为万事皆备。我把所有的钱都花完了，这些钱也一去不复返。也就是那个时候，他们开始上门找我、打电话给我，骚扰我，无所不用其极。每时每刻都是电话、账单和骚扰者，我也真正成了一只惊弓之鸟。

我们当时一贫如洗。住在出租房里，我整个时间都忙作一团，因此不得不缩减开支。当你开始创业时，很多人会找朋友、亲戚借钱，每一张信用卡都透支到最大额度。而我的情况是，不得不用汽车和所有类似的东西作为抵押来借款。

我坐下来，意识到自己必须还清这些债务，不然就得破产。当时我认为如果自己真正努力工作，是可以还清的。首先我去到银行，去还清一项为期一年的循环贷款。当时借这笔款是为了买一栋房子，现在没有房子了，但我仍然需要向银行支付按揭。

后来我读到，如果你能够通过偿还利息来维持现有的贷款，银行并不会将其记录为迟还贷款。他们不一定非得向上汇报，那么也不一定非得扣押房产或资产。我找到自己的银行经理，说，“你看，现在我无法偿还本金，但我可以支付这笔贷款的利息直至我的公司恢复，也就是接下来 3 至 6 个月时间。”他说，“只要你可以继续支付利息，博恩，我这边不存在问题，因为看起来贷款还是没问题的。”

接着我就逐一拜访我的债主们，对他们说，“你看，我现在遇到了这个问题：我欠了这么多的钱，现在无法还给你，但是我每个月会向你支付一小笔钱，以示保证。如果你能再宽限我一段时间，我将会在半年至一年时间内还清你的欠款。”他们每一个人，毫无例外，都说，“好的，如果你能每个月向我支付一笔保证金，我们会支持你的。”当时我欠了数千美元，每个月支付 50 美元的保证金。

之后我回去专心工作，6 个月之内，企业得以扭转。我能够还清自己所有的债务，将贷款恢复正常，让其他所有事情恢复原状。那一年半惨不忍睹，但我之后再也没有欠过债了。

那就是为什么我们之前谈到，“开始创业时不要花自己的钱”这是胡说八道了。因为为了开始，你往往必须花掉自己可以求到、借到、偷到的每一分钱——你拥有的或者一直积累的任何东西。根据《福布斯》杂志，80%的新企业在 2 年之内会破产。他们说，每一个新企业就是在与时间赛跑：在钱花完之前，你是否可以想办法如何让利润超出成本？

想象有一架飞机突然俯冲下来，朝着地面冲过来，速度越来越快。你的公司也正是如此。你必须想到办法把它拉起来，也就是公司收益开始超出其成本的时候。这样你就勉强地将其拉起来不再下降，接着你就开始向上攀升。商场上有一条定律是，要实现收支平衡需要 2 年时间，要还清前 2 年所欠债务，还需要 2 年时间。根据彼得·德鲁克得出的结论，没有任何一家企业在 4 年之内就可以盈利。如果你的计划不是这样，那么你就是疯了。

有人告诉我一条 2、2、3 定律：2 年时间实现收支平衡，另外 2 年时间偿还所有债务，再 3 年时间一飞冲天，开始盈利。那么要准备足够的现金，足以维持 2 年时间，不然就会机毁人亡。

当听到这个定律时，我说，“胡说八道，那不可能发生在我身上。我不同，我比别人更优秀。”而最终花了我 7 年时间。每一个我曾询问过的人，都谈到了 7 年定律。成本将是预期的 2 倍，时间将是预期的3倍；实现收支平衡需要2年时间，偿还债务需要2年时间，实现真正盈利总共需要7年时间。当某个人最终成为了一位成功的企业家时，他都经历过了以上所有阶段。

当你看到硅谷某人一夜暴富这样的故事时，这只会是因为所涉及的技术是绝对的奇迹，才可能发生这类事情。我们正生活在一个不可思议的年代，但请记住，美国有3000万家企业，其中有大概10万企业从事高科技行业，而其余2900万的企业不过是中小型的一些公司，试图销售某些产品和服务，努力生存下去。

## 丹

博恩，我们提到了债务存在不同种类，也就是我们可能会称作的良性债务与不良债务。请清晰地描述这两种债务之间的差异，并给我们举出具体的例子。

## 博恩

我们之前谈过这一点：良性债务获得的收益足以覆盖本身。例如，如果你购买产品进行转售，你投资广告并且该广告给你带来客户，购买你的产品；如果你培训员工，让他们能够卖出更多的产品；如果你支付差旅费去见客户，并用信用卡支付，这所有的钱都有望获得投资的回报。你获得的回报有望远远超出之前的成本。

不良债务就是你花钱之后，钱就没有了，就像花钱买家具。我们刚关闭了主要的办公室，因为我们将自己的业务重组了。我们新开设的办公室，面积是之前的2倍，但设计更加适合我们的数字营销业务。我们的员工曾经想要开放式办公空间，现代的家具。之前我只有传统的办公室，传统的书桌型家具。我花了上万美元去买那些漂亮家具、桃木的办公桌，所有东西都是顶级的。

现在是时候放弃所有这些东西了。我们询问是否有人愿意购买这些家具，他们甚至免费都不愿意要。这就是你可以称作的不良债务。

有几样东西，我们不得不自掏运费他们才愿意免费接收。整个办公室基本上被搬空，什么都没有剩下，从这数万美元价值的东西上，我们一分钱都没有赚到。这就是不良债务，它产生不了收益。

我们也犯过许多公司都会犯的错误，订购太多的产品。因为你认为公司产品会大卖，而实际上没有，但仍然得为这些产品买单。你手头有必须在30天或60天之内支付的款项，还有一仓库的产品，而这些产品一动不动，并没有卖出去多少。很多公司就是因为存货太多而破产。这是另外一种不良债务。

你为什么会这么做？因为批发的价格更低。但一开始最好进少量的货，即使进价更高，利润更低。至少你还有一定的保护，你的现金还在，而且你也不会落得只有一仓库卖不出去的货的下场。库存滞销足以摧毁公司，所以这个方面你也可能产生不良债务。进货之后如果不能立即将其销售出去，它会把你的公司拖垮。那种类型的不良债务是公司破产的主要原因之一。

## 丹

让我们稍微谈一谈不良消费债务的几种形式。之前我们讨论了信用卡利息很高。现在汽车延长贷款目前做得很大，我们可以申请到72个月以上的汽车贷款。而且还有房屋净值信贷额度。你是否可以对此进行论述，如果使用不当，它们可以成为不良债务的诱因。

## 博恩

信用卡行业通过收取利息来实现盈利，而利息可以高达18%~23%甚至更高：有名目繁多的隐形费用、滞纳金等等。所以使用信用卡的唯一方法就是每个月按时还款。信用卡债务是你可能会背负的成本最高的债务，他们从这上面赚取了数十亿美元的利润。那是最糟糕的个人债务形式之一。

汽车延长贷款是另外一种不良债务。简单来说，你在汽车上花的钱太多了。你应该要在36个月内还完一辆车的贷款，如果需要更长的时间，那就意味着这笔为汽车支出的费用太高了。少买豪车，控制好你的自负。

关于房屋净值信用额度——如果你不用，就不会产生任何成本，那么他们会希望你使用。我有一个房屋净值贷款，但基本上每年只花费我250美元。如果你在经营一家企业，而且他们不给你的企业提供授信，那么房屋净值授信可以起到很好的缓冲作用。如果有房屋净值授信额度，你就可以使用，但是要确保持有成本很低并且那些小字印刷条款都要仔细阅读，那些细节至关重要。

我想对用信用卡购买家具或用信贷计划购买家具再稍作阐述。年轻时我也犯傻，我走进一家家具店，他们那里有所有这些实惠的促销产品，所以我购买了整套公寓的家具。他们有自己的一套购买方案——这里签个字，那里签个字即可。其实年利率高达24%。我根本没有意识到，那几乎可以比得上高利贷利率了，然而那就是他们赚钱的方式。他们卖二手沙发，用24%的利率提供赊货。而且你还必须支付首付，这一点直到收到账单时我才意识到。我当时就在想，“天哪！如果我分三年来买这些东西，最后实际支付的价钱将是原价的两倍”，所以我当即全部付清了。

不论什么时候需要做出付款承诺时，你要把文件拿回家，坐下来，花时间仔细阅读，逐字逐句通篇读完。如果对某些部分不理解，就请求对方给出充分的解释，因为这些文件的某些部分就是一些天才写来迷惑普通人的，所以你理解不了某个子条款是正常的。例如，有些信用卡会宣称前6个月0利率，但前提是每个月全部还清欠款或者消费必须满2000美元。仔细阅读那些附属细则，因为你有可能会掉到陷阱中。它可以宣称每个月0利率或1%的利率，又或者是12%的年利率等等。

同样，如果他们打电话向你推销的一些信用卡优惠活动，或者手机套餐或其他任何东西，一定要谨慎。这些电话优惠活动往往贵得离谱，并且推销员那50%至80%的佣金也包含在内。他们努力劝说你买一些你根本不需要的东西：额外的保险、汽车的延长保修保险，或者一些类似于电脑和手机的技术设备。这些东西出奇昂贵，并且对你没有任何价值。

## 丹

你能向大家说明如何合理使用上述几种形式的借款方式吗？例如，每个月全额还款的信用卡、商业投资用的授信、容易负担的短期汽车贷款，等等。对于那些无法约束自己去合理使用这些贷款方法的人，我们再次强调，最好彻底远离上述形式的贷款。

## 博恩

这取决于你的信用等级和领悟能力，但是我有三种不同的推荐。其中一个称为债务合并，这意味着将你所有的欠款整合至一家公司，接着你只欠这一家公司的钱并且只需要向这一家公司还款。尽管许多公司提供这种服务，你仍然得十分谨慎，因为他们从合并你的债务中抽取大笔佣金。这种公司因此赚取了很大的利润。几乎所有进行这种债务合并的人都遇到了麻烦。看起来似乎他们很轻易就完成了，而结果是，他们再一次开始透支。这将导致再一次还款违约和再一次债务合并。

另一个方法，也是财经作家戴夫·拉姆齐的建议，将自己的所有欠款列成清单，从最小的一笔开始偿还。这个方法很不错，因为偿还一小笔贷款，把它从清单上划去会带给你精神上的动力，接着再还清第二笔贷款，再将其从清单上划掉。

我特别喜欢的另外一个建议是，首先偿还利率最高的债务。检查一下你的信用卡：有些信用卡收取18%的利率，有的23%，有的30%。首先偿还那些利率最高的欠款，将所有的存款用于偿还那一个欠款。有些人说，这里还一些，那里还一些。我会说，其他欠款只偿还最低还款额度以维持正常状态，只要你仍然在支付最低还款额度，他们就不会来追债。

一旦你决定偿清债务，有一系列的策略可供使用。其中一点就是开始存钱。有一条规则，称为乔治·克拉森规则，是指优先付钱给自己，也就意味着每个月将自己收入的10%以上存下来。但如果你负债累累，就得从小比例开始。有两个方法可以实现这一点。

假设你背了一身的债，既想存钱又想把钱全部还清，但是每个月无法存下收入的10%。我的建议就是从存下1%开始，靠余下的99%来维持生活。人是习惯的生物，那么如果你可以，每个月月初立马直接从你的薪水中拿出1%存下来。靠剩下的99%来生活，你也可以过得很舒服。第二个月，存下2%；第三个月，3%。

经过1年的时间，你可以将存款比例累积到12%，生活标准的紧缩感很小，甚至你都察觉不到。可能就是每天一杯拿铁的问题。接着，将自己每一项开支全部记录下来，那么在花某一笔钱的时候，你就可以意识到这个事实。将它写下来这个行为就能阻止你去把它花掉，这笔钱就可以存下来了。当开始存钱，开始设立一个财务自由的账户时，你的债务会发生惊人的改变。你的思维空间改变了，你对待债务变化的态度改变了，而且这些债务不会进一步累积。

经常有人会建议你，剪掉所有信用卡，用现金支付所有东西，对此我不敢苟同。这个行为稍微有些极端，因为总是要去取现金十分不方便。我有3张信用卡，并且我有所有种类的信用卡，但是我从来不用，只用3张信用卡外加一张借记卡，每个月我都会按时还款。如果你做不到这一点，债务就会积累——而且速度十分快。关于这一点我已经吸取到了教训，所以我从来没有信用卡债务问题。

关于偿清债务的另外一点是，从每个月存下1%开始，你会发现自己需要偿还的债务越来越少。你可能需要2至3年时间，但是接着你将实现完全摆脱了债务的一个状态，并且之后你永远都不会再重蹈覆辙。我与无数这样做的人交谈过，这个方法改变了他们的生活。

当你负债时，债务会让你感觉到低人一等、焦虑、没有安全感、消极。让我们看一看两种人谈话之间的差异。一个人在银行有存款，另外一个负债累累。有银行存款的人更加自信、更加积极、更加坦率。肩负债务的人会稍感自惭形秽，更加谨小慎微，对有钱的人更加逢迎。当你偿清债务时，你的性格也将发生改变。大部分这样实践过的人永远都不会犯同样的错误。

你也可以做到，每个月存下1%。而且，如果同时将我们谈论过的增加收入的其他办法付诸实践，你存下来的钱会开始增加。随着收入增加，你把钱存下来，而不是花掉，用来偿还自己的债务。

## 丹

博恩，你认为房产抵押贷款要优于立即全款支付吗？加快速度付款是一个好方法吗？

## 博恩

关于这一点有几种不同的观点。我们房子的抵押贷款利率是3%，而且你找不到其他地方可以用3%的利率进行投资。如果利率低，房产抵押贷款就会更好一些，尤其是在今天的房地产市场上，房价攀升的速度高于你赚钱的速度。那么这是一项投资，因为它的价值实际上在增长。

另一个策略是将贷款全部还清或者额外偿还贷款。假设你获得了奖金、销售提成或其他大笔现金：你可以用这笔钱来支付房贷。有些人说，如果每个月偿还两笔本金，那么你只需要一半的时间就可以还清整个房贷。

这个策略对于一些人而言是很不错的，因为这对他们的生活方式没有产生任何影响，尽管你需要做出一点点牺牲。但是它可以将30年的贷款缩短到15年，然后你就拥有了这个房产，不受任何债务牵累。

## 丹

当今另外一个引起巨大争论的主题是助学贷款。让我们讨论一下助学贷款。有些人认为这是不良的债务，其他人则持相反意见，因为你是在投资自己的未来。

## 博恩

我前不久在做有关各类课程学习的投资回报的一些深度阅读。STEM 课程——科学、技术、工程和数学——价钱最高。刚毕业时，起价是大约 76000 美元一年，而石油工程师的价钱就上升到了大约 136000 美元一年。

许多课程毫无用处，人们学完仍然找不到工作。去年，54%的大学生，毕业一年之后仍然处于失业状态，因为他们在大学学习的课程毫无用武之地。大学时他们并没有修习增加赚钱能力的课程，或者所学习的课程不能使自己获得某家公司愿意为之支付成本的成果。那么他们为什么而借钱呢？

这就像是去拉斯维加斯。如果你借钱在那里买一栋房子——经济萧条之后，现在拉斯维加斯的房价每年增长 7%~8%——这个投资是很不错的。如果你借钱进赌场，则完全相反。那些借钱去学习毫无用处的课程的人们，做了一个错误的投资行为，因为他们中有一半的人在接下来的几年时间里拿的都将是最低的工资。

80%的大学生在毕业之后从来没有从事过与自己大学专业领域相关的工作。他们永远都没再碰过自己的专业，因为他们曾经学习的基本上都是一些娱乐型课程。这些课程不过是为了待在大学、与朋友玩乐、参加派对、喝酒等等的借口而已。这就是良性大学债务与不良大学债务的差异。

借钱去上医学院或者借钱去获得工程学位的人是非常明智的，因为他们在毕业后两三年内就可以将整个贷款还清。如果因为你选择了一门百无一用的课程，导致自己只能接受最低工资的工作，继而导致自己收入状况不佳，那么这就是十分不良的债务。有些人在而立之年仍然无法买到房子、无法申请到汽车贷款、无法创业、拿不到银行贷款，就因为大学贷款就像雪崩一样，没有给他们丝毫喘息之机。

**丹**

投资哪一所学校有差异吗？是否去常春藤联盟学校就会更好一些？或者从公认的大学毕业的学生经济状况就会更好一些？

**博恩**

幸运的是，奥巴马总统坚持，所有大学应该汇报自己学校特定学科的毕业生在毕业后1年、2年、5年、10年内的收入情况，这一举动前无古人。那些数据已对公众开放。那些学院和大学哭着闹着反对这一项要求，因为他们并不希望别人知道那些数字。还有一点幸运的是，如果谷歌一下，关于从某所大学毕业可能获得怎样的收入，你可以搜索到很不错的一些评估报告。

关于这一点，我就刚读过一项研究，有人调查了在投资回报方面，十所最好的大学以及十所最差的大学。举例来说，如果念的是哈佛大学，获得了法律、金融或经济学位，那么你在很短的时间内获得一份高薪的好工作的可能性就很高。哈佛是最佳之一。而耶鲁大学恰巧在这方面是最差的。

如果获得了某所名牌大学的学位，但是专业没有多少用处，这对你找高薪职业并没有多少助益。所有这些信息到处都可以找到，你需要做好自己的功课。他们会向你展示收入最低和最高的院系分别是哪些。你要做的就是，贷款之前做好调查研究。就像在投资一家公司之前，你必须确保该公司未来能达到很高的销售水平和盈利水平，并且首先就会支付股息以证明你对它的投资是正确的。

**丹**

你认为有任何不良消费债务的人，应该参加401（k）养老储蓄计划和/或开一个储蓄存款账户吗？为什么应该或者为什么不应该？换言之，如果信用卡欠款了，并且又参加了 401（k）养老储蓄计划，两者兼而有之是否明智：试图支付小笔信用卡贷款的同时缴纳 401（k）养老金，还是你应该在还清所有债务之后再开始参与 401（k）养老金计划？

## 博恩

这也得取决于你的个人情况——你的收入水平，你有多少现金可以自由支配。401（k）养老储蓄计划是公认的最好投资项目之一，因为它完全是税前缴费，并且往往你缴纳的金额与公司缴纳的金额是相等的。也就是说，如果你缴纳 1 美元，你的雇主将缴纳 0.5 美元或 1 美元。相当于是买一送一，而且这笔钱是可以积累下来的。

大部分人在后来的生活中说到，最后悔的事情就是没有尽早开始参与 401（k）养老储蓄计划。他们应该在事业刚开始的时候就这样做，最终就可能已经实现了财务独立。

## 丹

你相信削减债务及财务自由专家戴夫·拉姆齐所描述的这个概念：用尽可能多的钱来还债，并且利用滚雪球的方式完全摆脱债务的困扰吗？你认为把彻底还清债务设定为一个目标是个好主意吗？是否这种勤俭的生活方式会剥夺取得更大的成功所必须的创造力和有时候我们所说的杠杆作用？

这里我想到的是，通过抵押自己的房产或者刷爆几张信用卡来创业的企业家，对比花费数年时间偿还债务，结果却从未将创业的想法付诸实践的人。这其中是否存在折中的办法？

## 博恩

生活中要获得成功，尤其在商场获得成功，最重要的要求是自律：勤奋与自律。实施戴夫·拉姆齐的方法需要强大的自律，其表现形式就是延迟满足感。成功人士是那些能在短期推迟满足感以实现长期经济保障的那些人。

戴夫·拉姆齐的方法几乎是强迫你参加一种形式的新兵训练营。你对自己的财务必须有着强大的约束力。因为习惯将决定成功，如果能克制自己去还清欠款、摆脱负债累累的境地、严格要求自己，那么你有可能成为一名更加优秀的商人、可能做出更明智的决策，对于负债和开支你将变得更加缜密和谨慎，所以我认为这对你是有好处的。

每一件事情，只要能帮助某人培养自律的品质并且帮助延迟短期的满足感，就都能塑造他的性格、毅力、韧性、缜密的思维以及所有最佳的品质。如果你能做到，这是极佳的一个方法，但要做到是很不容易的，这也就是大部分人做不到的原因。我认为戴夫·拉姆齐表达得很清楚，要求也十分苛刻。如果你是认真的，就全力以赴。这就像是如果你想减肥，那么将热量的摄入降低至每天 2000 卡，维持这个状态一年时间，不能有任何例外。

我的一位好朋友体重超标，我认识他有 30 年。从我们相识起，他的身体一直处于超重状态，大概超出 14 至 18 公斤。几个月前我再次看到他时，他已经瘦下来，几乎就像是一名运动员。我问他，“我认识你一辈子；究竟发生了什么事情？”

他说自己下载了一个计算卡路里的手机软件，软件会告诉你，你每天只允许摄入 2000 卡。你必须标记每一种食物的卡路里含量，接着到了某个特定时间点，软件会告诉你，停，今天你不能再摄入更多的热量。如果中午就把一整天的热量全部吃下去了，那么直到第二天早餐时你才可以进食。他说只需经历几次之后，你就可以开始将所有的热量均匀分配到这一整天当中。一天当中最后摄入热量的时间是晚上 6 点或 7 点，之后你就可以去睡觉了。他说，如果严格要求自己，不用多久你就可以养成每天只摄入 2000 卡的这个习惯。

成人平均每天消耗 3000 卡，那么如果你摄入 3000 卡但消耗掉 4000 卡，那么每天你就减少了 1000 卡，久而久之，那些赘肉就会逐渐消失。那是最神奇的事情，但你必须十分严格要求自己。这就是拉姆齐的方法。严格要求自己，养成勤俭节约、精打细算的习惯。如果坚持一两年，在余下的这一辈子当中，你都不会乱花钱。

## 丹

关于创业，你也谈到了你个人的早期经验，你也听到过，企业家群体中存在着这么一个司空见惯的情况：他们会透支每一张信用卡，以房屋为抵押去贷款，等等。有些人说，从一开始不用借钱就能创业并经营一个企业也是可能的，不需要使用上述的手段。不背负任何债务就可以实现创业是现实的吗？

## 博恩

是的。企业成功最重要的关键就是销售。如果你可以通过寄售方式开始销售产品，那么实际上你今天就可以开始创业，并且无需支付任何东西就可以创造收益。你可以从很多网站上以批发价格购买产品，接着你可以开发自己的网站销售这些产品，你手上没有销售订单就无需从供应商处购买产品。

最流行的就是多层次营销或网络营销。你只需要一笔很小的投资去购买样品就可以开始在网络上销售。从这时起，你带着自己的样品开始去销售这些产品，拿到销售订单、从供应商处购买产品、送货，从中赚取差价。关键是销售能力，所以你实际上可以白手起家，通过销售获取成功。

这被称作自力更生，以自己的资本开始，通过自己的利润逐步实现成长。这种创业方式很缓慢，但往往是最佳的方式，因为你没有多余的资本，所以必须将产品立即销售出去、必须富有创造力、必须依赖艰苦奋斗和自律。那些昙花一现的网络公司之所以很快销声匿迹，就是因为他们资本太多，获得资本的速度太快，并且以烧钱的方式把所有资本全部花完了。

事实上，我不久前读到，硅谷某家公司筹集了4亿美元的风投资金。还没做出一单销售之前，他们的资金链就已经断了，所有的投资人都赔了——整整4亿美元。他们想出了一个看起来很不错的点子，但就是还没来得及将产品销售出去。你应该从把产品卖出去开始。有时候你可以销售另外一家公司的产品，为他们销售，提取销售的佣金。如果可以销售出去，你就可以创建自己的公司。这是我知道的唯一方法，也是最流行的方式。

## 丹

本章最后一个观点，博恩，就是当人们最终还清所有债务时，终于将所有的赘肉都甩掉时，我们知道很多人成功减肥，之后却反弹。这里的问题是，账务还清之后，你是如何因为一项意料之外的巨大开支而导致自己又背负上了债务？为了避免某项无法支撑的开销将你的生活推出正常轨道，你会建议大家至少存下几个月的银行存款？

## 博恩

我们称其为三法则。财务自由这张凳子需要三条腿来支撑，即：存款、保险和投资。最好的方法是依次逐个实现。首先是存款。你需要将2至6个月正常开支的钱存下来，那么如果失去工作，你也能够继续维持目前的生活水平2至6个月时间。

有了这笔存款，面对自己的生活你就可以信心百倍。我曾经向无数人做此建议，也与他们交谈过，他们回去后都做得非常好。他们花了1年时间积累了2个月的存款，当时对自己真正极其地严格。后来新老板走马上任，或者以前的领导变得专横无比，或者公司开始增加上班时间、削减工资，他们就“呸”地一声，甩手离开了。之所以可以这么任性，是因为他们在银行有存款，而他们的同事则不得不继续待在那里，接受改变后的苛刻条件。

我记得有一位女士曾写信给我，谈到了这一点。她之前认为，收入的目的就是走出门去，买衣服、买化妆品、消遣娱乐，但听了我的建议之后，她才意识到自己已经深陷困境而不自知。如果每个月没有那份工资，她就很危险了。于是她真正意义上整整一年没有买东西，她说，这个建议彻底改变了她的生活，因为现在手头上她已经有存款了。

那么首先就是你需要将 2 至 6 个月的收入存下来。6 个月最佳，但在做其他事情之前至少先存下 2 个月的收入。

第二点，你需要购买适当的保险。这一点至关重要。我的一位会计朋友曾经说过，为你自己无法花钱买单的所有东西买上保险，那么你就要买健康保险。我最近与某个没有续交健康保险的人谈话。为了省钱去滑雪，他把自己的健康保险停掉了。后来在滑雪的时候摔伤了背部，在床上躺了半年时间，接着又进行了为期半年的理疗康复。这次的事故让他整个生活步调后退了一大步，就因为他没有续交自己的健康保险。

你也需要汽车保险，碰撞和责任保险都不可缺少。你也需要一套完整的房屋保险。再强调一次，如果房子被火烧毁了，你是无法开张支票为其买单的。

我们曾经去过一家保险代理公司，说，“我们生活情况大概是这个样子，我们需要哪些保险？”在那里工作的人都颇有经验，他们会给你答案，“你需要在这里投保，那里没必要投入太多保险，用这个数额的保险就可以解决，但是那个方面你需要这个保险。”他们领着我们走完整个过程，并且从不同的中介那里针对不同的项目购买了不同的保险等等，我们从来没有遇到过一次财务问题。

当然，30 多年的时间，养育了 4 个孩子，你当然会碰到诸多意料之外的麻烦，那么购买正确的保险，与此同时积累 2 至 6 个月的收入，就显得至关重要了。要确保自己买到合适的保险。不要听信别人说保险就是与自己赌博。你也需要健康保险。如果是家庭的主要支柱，那么你需要购买保险，万一自己发生任何意外，这份保险可以在未来所有的时间里照顾到你的家庭。

顺便说一句，这种保险能给你强大的心理暗示和慰藉。他能让你感受到，自己和家人完全没有后顾之忧，这让你在余下的这一辈子里会变得更强大、更坚强、更积极，你也能更有信心地去冒更大的风险。

## 丹

博恩，在本章结束之前，是否还有其他债务的观点或概念我们还未涉及的？

## 博恩

让我们总结一下关于债务的讨论内容，因为我曾经也负债累累，也理解它对我心理和情感上产生的影响。因为害怕房子被收回，整夜不敢闭上眼睛睡觉；不得不把车子停在离家 2 个街区远的地方，那么前来收车的人就无法把它拖走——这样的生活方式狼狈不堪，但很多次你又濒临这种境况。如果事情发生了，它就发生了。一旦碰巧是你，就做出决定还清债务，并且一生都不再欠债。你接下来的座右铭就应该是，“我这一生都不欠债”。

接着，坐下来制订计划，把这一点移到清单的首要事项之首。这不是你某天要做的事情，这是你现在就必须要做的事情。如果你已婚，就与配偶坐下来，将你们拥有的全部财产列出来，以及每个月的每一项开支写下来——房租、水电费、汽油、食物以及所有一切——接着把每一项欠款列出来，在一张纸上全部清楚地列出来。

我已经说过，你大多数时间在想什么，你就会变成什么。白手起家的百万富翁们与你并无二样，但他们曾经决定了，“我要变得富有”，后来他们确实做到了。在没有这个决定之前，你永远也无法变得富有。如果你做出同样的决定，并且用行动来支持这个决定，那么你实现不了财务独立几乎是不可能的，因为有太多的方法来实现这个目标。

他们发现了，被经济困难所困扰的人们每个月会花多少时间去思考金钱。这些人每天 24 小时都在想这个问题。他们心里念着它、嘴上谈论着它，为之抱怨、哭诉，对抗它、议论它，独自一人开车时脑子里想的全是自己的经济问题。但是你真正坐下来、写出来，安排、思考自己的财务未来，并为之制订计划又花了多少时间呢？

答案是，一个月大概 1 个小时。人们倾向于每个月为此坐下来，花 1 个小时。这几乎就是支付账单的时间。我也有此经历，你坐下来然后说，"好的，我们这个月信用卡需要还多少钱？这个月那个账单要付多少钱？"你把这些钱分配到这些账单上，直到差不多都花完了，然后你又开始为下个月的钱而烦恼。

白手起家的百万富翁们会怎么做？他们每个月为此花 10 个小时以上的时间，坐下来。他们阅读财经杂志、财务公告，查看金融时事通讯、金融债务合并和投资。他们花 10 个小时，思考如何更好地安排自己的财务生活，好让自己获得超过那些不这么做的人 10 倍的优势。

如果你真正想要还清债务，即使自己不是一个注重细节的人，也要养成习惯去买一本有关金钱的书籍或杂志。收听有关金钱的节目——音频节目、广播节目和在线节目。关于如何走出负债的泥潭，有许多很好的节目。将此作为首个要务：你将终能还清所有债务，并且一辈子都不会再欠债。如果你做此决定，并将其作为目标写下来，为此制订一个计划，接着真正努力、尽可能多地去思考这个目标，那么你将惊讶于自己对余下一生的经济状况所做出的改变。

第五章

# 创收的科学

一旦你开始采用与金钱学一致的明智的消费方式和有效的债务管理方法，你要确保自己在创造强劲的现金流或收入，以投资到未来的项目和金融机遇中，也实现自己理想的生活方式。

在本章中，博恩将把为了尽可能创造最高的收入，你所需要遵循的一些被证实的规律和原则教授给你，不论你是一名小职员，企业主或者是全职的投资人。

## 丹

博恩，首先让我们就你个人的生活经历做一番讨论，因为它与创造收入有关联。之前，你与我们分享了，自己如何从早期在一些低收入的岗位上不辞劳苦地工作走到今天作为作家和企业主每年可以赚到几百万美元的现金收入的故事。关于如何创造收入、帮助自己实现梦想，你学到了哪些经验？

## 博恩

每个人都想持续创造高的收入，让自己可以为实现梦想提供资金。每个人都梦想着钱源源不断地跑进自己的邮筒，好让自己，正如他们所说，不用工作就可以赚钱。这基本上就是幻想而已。

我认识世界上一些最聪明的人，他们在长达 25 年的时间里一直抱有这个幻想。他们总是在说，“就是这个。它肯定是那个诀窍。这就是那个让我不用工作就可以开始创造高水平收入的方法。”

这个事情的真相就是，实现它的唯一方法就是通过投入时间和金钱，生产有销路的产品或者别人正在销售的产品，并且这个产品能产生特许权使用费、佣金、股息或其他形式的收入。例如，我开始为了成功而废寝忘食工作时，就开始投资能产生收入的房地产行业。后来这被证明是我做过的最明智的投资，因为房地产行业是长盛不衰的。它是固定资产，价值会持续的增长。租金会随着通货膨胀和生活成本的增加等而不断上涨。你会发现，大部分的巨额财富首先都是在某个颇有前途的行业中得以创造出来，接着资本会通过某种渠道注入能产生收益的房地产或者其他能产生现金流的投资中。

## 丹

关于如何创造高收入，大部分人的最大误解是什么？

## 博恩

回到我们早先谈过的一点，你的工作是一个商品，人们会用尽可能低的价格来购买尽可能高的质量。

过去几年当中，我对两个领域做了大量的工作。一个领域称作商业模式再造，也就是需要审查自己的商业模式。另外一个称为个人生活模式再造，检查自己的生活模式。两种模式均是可以产生收入的方法——你如何为企业创造利润？你如何为自己创造收入？

答案是，你收入的90%将决定于相比其他与你做同样工作的人而言你工作质量的高低。你公司的成功，90%将决定于，相比提供具备类似功能的类似产品的竞争对手而言，你提供的产品质量所带来的结果。最大的关注点应该放在增加公司产品或服务的质量，以及提高个人工作的质量上。

让我给你举一个例子。我的一个朋友，非常富有的一位商人，极其成功也极其保守，他曾经需要进行一次体外循环心脏手术。他说，“天哪。尽管这种手术在今天已经十分标准化，但还是有人死在手术台上。”

他开始做一些研究，寻找对于自己这种特定的手术类型全国最好的外科医生。他在克利夫兰诊所找到了这么一名医生，这家诊所因为拥有世界上最顶尖的心脏手术专家而举世闻名。他通过自己的医生，与这位克利夫兰诊所的医生取得了联系，最终做好了手术安排，接着就飞到克利夫兰市去做手术。他在医院待了一周时间，回程是乘坐的私人飞机。他告诉我，“如果你需要做体外循环心脏手术，找这个医生就对了。这类型的手术他已经做了5000多次，成功率极高。如果你真正需要做体外循环心脏手术，并且你也希望能够绝对保证自己可以恢复并过上正常的生活，那你必须找这位医生。”

当然这名外科医生的收费也绝对是天文数字。普通城市的一名心脏外科医生可能收费是5万美元，而他的收费是25万。不仅仅如此，他一天做4场手术，一场体外循环心脏手术需要92分钟至120分钟时间。

我知道这个数据，是因为随后另外一名医生也对我进行了一次体外循环心脏手术，这位医生也是全国的顶尖之一。他已经完成了5000次手术，一天也做2至4场手术。你只会提前与他见一次面，你们再次相见的时候，你就已经被打了麻药不省人事了。接着他完成手术，之后你再也不会见到他。这是一位天才，每场手术收费大约是15至25万美元，一天2至4场，因为在他所在的领域内，他是绝对的精英。

我会用这个例子来强调自己的观点：既然你要投资，就投资到自己目前所做的事情上，让自己极其擅长这件事。在我的研讨会上，我会再三强调这一点。我并非要求你去赢得奥运金牌或者获得第一名，我只要求你进入那顶端的10%，因为金钱都聚集在那个阶层了。

人们之所以无法进入自己领域的顶层10%，其中一个原因是，他们完全选择了错误的行业，而自己能力不在此。但主要的原因是，他们从来没有下定决心要成为顶端10%中间的一员，他们只是得过且过。获得一定程度的能力之后，接着他们就开始混日子。

弗罗里达大学的K·安德斯·埃里克森博士做出了有关精英表现的最重要的研究之一。就是他提出了，达到精英表现的水平需要7000至1万小时的努力和5至7年的时间。

他大部分的研究主要针对于音乐家，也涉及了其他的领域。马尔科姆·格拉德威尔所著《异类》一书也引用了埃里克森博士所做的研究。而且《财富》杂志的杰弗里·科尔文所写的《哪儿来的天才》也同样基于这一观点——没有天赋你也可以开始做某一件事情，但如果真正将时间投入进去，你也可以培养出卓越的表现水平。

只要你所选的行业适合自己，你喜欢这个行业，并且享受它，就全身心地投入进去。你会享受天天向上的感觉。如果对某个事情既不钟爱也无法全身心投入，你就无法做到得心应手。

不论如何，埃里克森发现，普通人，也就是底层80%的人会努力在自己的工作中提升能力和自信，接着他们会趋向于四平八稳，永远不会再进一步提升自己。一般的人，也就是80%的人，第一份工作做了10年与做了1年相比，工作效率并没有多少提高。唯有那顶端20%的人会持续进步。

加里·贝克尔，荣获诺贝尔奖的经济学家，曾做过一项有趣的研究。他发现，底层80%的人，只要维持工作的状态，平均收入每年会增加2%或3%。这大概是生活成本的增加，所以说他们永远只是在原地踏步。那些顶层20%的人群，他们的收入平均每年增加11.8%，因为他们持续地学习、进步、提升自己的技能，在自身所处领域越做越好。

那么，为什么一些人的收入可以如此之高？这是因为他们在自己的工作中出类拔萃，精益求精。

我会给你举一些非常棒的例子。就想想经营顶级餐厅的厨师们即可，如艾伦·杜卡斯，他在纽约经营一家餐厅，这是世界上最著名的餐厅之一。总是满座，人们也非常情愿花上500~1000美元，两个人去餐厅共度晚餐。

美国餐馆之首，名为“法国洗衣房”，坐落于加州的纳帕河谷，交通十分不便。你得先坐飞机到奥克兰或旧金山，再驱车1个半至2

个小时。为了去这家餐馆用餐，还得入住纳帕河谷中的一家酒店。

这家餐厅菜品一流，连基本的餐食价钱都在350~500美元不等，不包含酒水。你只能提前一年预定，并且信用卡预定时他们收取全额费用。

一旦预定，你不能改变主意或者变更用餐日期，或者不按时出现，人们真正会从世界各地跋山涉水而来。坐飞机，入住附近的酒店，再来到这家餐厅用餐，这样才能体验到经营着“法国洗衣房”这家餐厅的厨师所烹饪的美食。这是一个较为极端的例子，表明了如果你把自己所做之事做得非常、非常好的话，人们几乎会为之付出任何东西。

正如我们所知道的，律师的时薪是200至300美元。顶级的律师一小时获得2000至3000美元，甚至1万美元。有时候处理某个特定的案子，他们收取10万或20万或100万美元的费用，因为，如果你能让这类型律师接受你的案子，不论是什么类型的案子，他都能为你省下一大笔钱或者为你赚一大笔钱。

当涉及要获取高的收入时，只有一条路可以走，那就是将自己所做之事做到极致，达到让一位有意识的消费者，一位希望用最少的成本获取最大价值的消费者，为了你的产品或服务或你的劳动，也急不可耐地向你支付额外费用的水平。

最后要记住的一点是，美国所有富豪都是从销售个人服务起家的。某个人在提供个人服务方面做到非常优秀，结果，人们就会愿意向他们支付额外的费用，聘请他们、提升他们、提拔他们，将更大的责任交付给他们。而更大的责任带来的就是更多的收入，随之而来的也就是更多的机会，等等。但一切都回归于将自己的工作做到极致这一点。

## 丹

有些职员会说，他们为自己的公司投入了许多的时间与精力，因此应该向他们支付更高的薪资。作为老板，你会如何回答这些人？

## 博恩

这也是屡见不鲜的事情。人们会说，“我有20年的工作经验了。”但老板会回答说，“很诚实地告诉你，你只不过是把1年的经验重复了20次而已。”因为，你们也需要记住，大部分人——80%以上——只会将工作做到不被开除，同时避免同事因为他们没有做好分内工作而对他们产生敌意的水平即可。一旦达到这一点，他们会缓慢地滑入舒适区。他们开始消极怠工、谈天说地。他们出去午餐、喝咖啡。他们浪费时间。

这是最大的悲剧之一。人们走进办公室，做的第一件事情就是找到某个人开始聊天，与这个人聊完之后，又开始找另一个人，接着再另一个人。他们的第一件事情永远都不是工作。他们不是早上8：30走进办公室就开始工作，而是找到某人一起聊天，然后说，“天哪，11点了。我已经与我所有的朋友们谈论了昨晚的电视节目、他们看的电影、各自家人的情况，以及最近的新闻故事”，等等。

只有在这个时候，他们才会去工作，噢，天哪，到了午餐时间了。他们所有人一起出去共进午餐，往往午餐时间很长。午餐回来之后，他们又需要与自己的朋友们重新巩固他们之间的友谊，所以又是聊天、聊天、聊天，然后做一丁点儿工作。接着就得下班了，因为他们想要赶在堵车之前回到家中。这样做的他们却在奇怪自己为什么没有得到升职。这种情况我们反复看到过。

在我的公司，正如我之前说过的，如果某个人工作非常出色，我们会在他提出要求之前就给他加薪。我们不想失去这样的员工，因为好员工凤毛麟角。好员工是最难寻的宝贝，而一旦你找到了他们，为了留住他们，要满足他们任何要求，因为好员工不花成本，他们创造的价值远远超出自己花费的成本。

事实上，最成功的企业，是那些会持续聘用能贡献更多价值的员工的公司，不论是在节省成本还是增加收益这两方面。那么每位新员工实际上都会给公司产生一个净利润。这就是为什么员工数量为10

万的企业可以每年创造上亿美元和数十亿美元的利润，因为每个员工实际上创造的价值都超出了自身花费的成本。

这才是真正的关键。当某个人说“我想赚更多的钱”的时候，事实就是他们还没实现这个目的。最近我做了一场演讲，主题是：你应该设定一个目标来让收入翻倍。有一位男士在休息时走到台上来，优越感特别强，十分傲慢地对我说，“这可能是一场不错的励志演讲，但在我的公司里，他们不可能给我两倍的工资。你刚在说的一切实际上并不真实，你应该向观众们说明，刚才的内容多多少少有一些夸张的成分。”

我回答说，“好的，让我问你一个问题。你所在的公司里，是否有人的工资是你的2倍？”他停顿了一下说，“有，当然有。”“是否有人的工资是你的3倍、4倍或5倍？”“好吧，有，是那些高级管理人员，顶层管理人员。”

“那么，”我说，“我们可以有把握地断定，你所在的公司是非常愿意向员工支付3倍、4倍或5倍于你的工资的。公司只不过是不愿意给你支付那么高的工资。那么，为什么？”他目瞪口呆，好似我当面给了他一巴掌。接着他说，“可能因为我工作效率并不高。”我说，“这就对了。问题出在你身上。你才是自己没能获得更高工资的原因。”他摇着头走开了。我将这种加薪称为生存奖金：“老板，去年我活下来了，那么我应该要加薪。”不，只有产出更多的价值，你才有资格获得更高的工资。你增加的工资就是自己所创造的额外价值的一部分。价值没有增加，工资也就不会增加。

## 丹

在公司饮水机旁边经常可以听到的抱怨之一就是，员工感觉他们的工资与自己的价值并不对等。很多人认为办公室政治、领导厚此薄彼让他们无法获得与自己所创造的价值相等的工资。在这种情形下，员工应该怎么做？你会做何建议？

## 博恩

这都归结于不劳而获的这个思想——员工认为自己应该获得更高的工资，哪怕为了得到它，他们没有做出任何努力。

20世纪50年代，大约有50%的劳工都加入了工会。加入工会的想法，这个想法目前仍然伴随着一些政府部门和教师行业，它就是：如果你没有离世，你就应该获得更高的报酬。因此如果是老员工，你就有资格获得更高的工资。在公司工作时间越长的人待遇更高。年轻一些的人，哪怕他们勤奋努力、能力不错，报酬也还是要低一些。

这逐渐形成了一种思维模式，认为根据工作的年限，你就应该获得更高的报酬。这就是那些不愿意努力争取就想获得更高工资的人的心态，他们认为不提升工作效率、不创造更多价值，自己也应该加薪。事实上，在每一家公司，有些员工的报酬极其丰厚，哪怕他们可能比你晚来公司，因为他们就是在不断创造更多的价值。

那么问题应该是这样的：相比上周、上个月、去年，现在的你是否在创造更多的价值？你是否获得了更多人们重视并且愿意为之付出成本的业绩？你是否创造了更多的价值，结合其他人的工作，让公司可以销售更多的产品和服务，产生更多的销售和利润？如果答案是否定的，那么你也就没有为自己赢来一次自动加薪的机会。

自动加薪的日子已经过去几乎20年，仍然有人站在饮水机旁，浪费时间与朋友闲谈，大把大把的时间就这样被浪费，抱怨着自己的工资没能更高一些。

那么如果你想获得加薪，很简单。早一点去办公室，努力一点工作，晚一点下班。我教给大家的一点就是，成功的秘诀在于，工作的时间都要工作。这一点一直都是成功的秘诀所在，是贯穿历史的真理，在过去200年里尤其如此。走进办公室后，你就要一直工作。埋下头去，认真工作。

有时候我会问这个问题：假设你在麦当劳上班，拿着最低的工资，干着炸薯条的活儿。许多人职业生涯的起点就是在麦当劳，因为这份工作教会了他们去上班、准时上班、与大家协同合作、服从上级指令、做好工作、随手清扫等等。这样的工作是非常不错的一次培训。那么假设你在麦当劳上班。你可以在自己的轮班时间开始之后15或20分钟才慢悠悠地晃进麦当劳，手捧一杯星巴克，拿着手机刷着脸书，然后与自己的朋友们蹲下来，闲聊昨天晚上做了什么，看了什么电视节目，然后再花半个小时去喝咖啡、1个小时吃午餐，如此这般吗？

如果你在麦当劳上班，拿着最低的工资，你可以这么做吗？当然不行。你必须准时打卡上班。如果没有准时打卡，这份工作你就保不住了。打卡之后你就上班，上午和下午各有10分钟的茶歇时间，中午30分钟午餐时间，你的整个上班时间中，从上午8点至下午5点，你都要不停地工作。

每个人都知道：这就是最低工资的工作中你必须要做到的。那么如果你拿着更高的薪水，在白领工作环境中上班，这一点的重要性又是怎样的？理想状况下，你的工资是最低工资的好几倍。你认为自己可以拿着一杯星巴克，很晚才走进办公室，与同事谈天说地、四处闲逛，看报纸、查邮件，不做任何一点工作吗？

说到此时，所有的观众们都惊讶不已，因为他们在我的描述中看到了自己。他们说，“如果在麦当劳工作，我肯定不能侥幸。但是我却试图在目前的工作中这么做，还一直弄不明白为什么自己永远都不能完成工作，不明白自己为什么总处于岌岌可危的境地，也不知道为何3年来我从未加薪，更不清楚自己事业上为何没有任何进步。”因为你没有在工作。

## 丹

你说的完全正确。我无法想象，在麦当劳工作每天迟到15分钟还不被开除。这太对了，但是我们往往认为白领工作就完全不同。

现在让我们讨论，对于企业主而言，存在着哪些创收的科学。这是一个很大的问题，因为许多企业还没能够开始就已经失败了，或者因为现金储备太低导致无法存活多久。

首先，对于创业的前1年或2年之间的收入情况，新的企业家应该有着怎样的期待呢？你会建议某位潜在的企业家只有在积累了1年或2年的收入之后才开始创业吗？为什么？

## 博恩

关于现金流和银行存款，有两个问题。一切都归结于销售。IBM在1989年和1991年之间陷入了非常严重的经济困境中。股票价格暴跌80%，他们当时已经在讨论将公司分解。

当时这件事情轰动全球，因为在20世纪80年代，IBM是世界上最受尊敬的公司。高额的利润、强大的领导力、令人难以置信的技术、最完美的客户服务，所有的杂志——《财富》杂志、《福布斯》杂志、《商业周刊》对它都赞不绝口。两三年之后，它一落千丈。

所以他们开除了当时的董事长，聘请了一位对计算机一无所知的新董事长，路易斯·郭士纳。他说，"我甚至都不知道如何开机，但是我对业务还是颇有了解的。"他职业生涯的起点是麦肯锡咨询公司，这是世界上最好、最大的管理咨询公司之一。一旦接受了某项任务，他们会进入公司、四面散开，找到问题所在，给出解决问题的方案。他们总是能给公司带来行之有效的解决方法，这也就是他们报酬如此之高的原因所在。

半年之后，花费了大约300万美元的咨询费用之后，他们让IBM所有的高级管理人员坐下来，对他们说，"我们发现了你们的问题所在。就是销售额太低。"这些管理人员瞪圆了眼睛说，"我们早就知道这一点。那就是为什么我们的股票价格会降低——因为销售太低，利润太低。"

他们询问了解决方法是什么。咨询师说，"增加销售。"这很有趣，因为邓白氏公司对这些年来成千上外破产公司的报告进行了一番研究，他们发现，你可以暂不考虑所有其他的原因——技术、资本、竞争——一切都归结于销售额太低。IBM 询问麦肯锡公司，解决方法是什么。解决方法其实很简单，他们说，“我们查看了你们销售人员与销售管理人员对时间的利用情况，我们发现，在之前的管理中，他们的工作已经几乎沦为了会计的工作。”因为之前的管理人员就是会计，这些人认为会计是企业最重要的功能。

销售人员不是走出门去拜访客户，公司期望他们将 75%的时间花在填写表格上。如果确实拜访了某位客户，他们就得填写一张 5 页的销售表格。接着销售经理们就不得不把所有时间都花在审核销售人员填写的这些表格上，而没有一个人在与客户沟通。

咨询师们说，“我们的建议是将这个比例倒过来。这些销售人员花在办公室内的时间不得超过 25%，75%以上的时间必须是在与客户面对面沟通。销售经理们要花 75%的时间与销售人员一同，与客户沟通。”所以就开始实施这一项 75%的规则。

他们让销售人员走出去与客户沟通，整个公司状况因此而得到了扭转。从每年 15 亿美元的亏损转变为 16 亿美元的利润。股票价格也上去了，今天也仍然是世界上表现最好的股票之一。

现在全世界的大型企业都在实施这一项规则，因为 IMB 那次奇迹般的扭转得到了广泛的报道。方法很简单，就是让你的销售人员和销售经理们将 75%的时间花在做销售上。如果经营一家小企业，就让老板们走出门去，花 75%的时间去与客户沟通。

要点就是，导致企业出现问题的往往是低迷的销售，而高的销售额却总是能通向企业的成功。

关于你应该存下多少钱，有多少储备金，以及你应该花多少钱，答案是：你可以销售多少？有人最近对中小型企业做了一项研究，分析人员问，营销与销售，以及新客户增长量对他们的企业有多重要？

他们都说，“哦，那是重中之重。没有任何其他东西比销售和营销更重要。它们就是流向大脑的血液，是氧份，没有它，企业就完蛋了。”“你作为企业主，作为主要的决策者，你每天花多少时间在销售和营销上？”“所有时间，一天到晚。早上、中午和晚上，脑子里想的全部是销售。”

分析人员继续问，“我们可以带着（旨在研究效率最高的工作方法的）时间与动作专家去你的公司，拿着记事本和秒表，四处走动，观察你们每一天、每一周是如何利用时间的吗？”“哦，可以，绝对没问题。”

所以这些分析人员进入了他们公司，一个月之后带着结果回来了：企业主们平均一天花11%的时间在销售和营销上。其他时间都在查收邮件、社交媒体、与员工聊天、外出午餐、与银行家见面等等。

那就是他们的企业举步维艰的原因所在。如果你作为企业主只花11%的时间在销售上，你的员工们可能花的时间更少，因为往往你本身就是公司的标准，而每个人都会向你看齐。

我反复给大家提出过这个建议。听取了我的建议的那些人回去后，完全震惊了。他们的公司，那些曾经挣扎度日的公司，突然转变成了高销售、高利润的企业，因为员工整天都在外销售公司的产品。我说，“你什么时候完成那些文书工作，早上8点之前或者下午6点之后？”规则就是，有客户需要拜访时你就不要做行政工作。有客户拜访时，你应该做的所有工作就是去拜访客户。

我曾经遇到一位企业主，他请我做为期一整天的企业策略指导。我们谈论了如何最佳利用他的时间。他曾经认为对自己时间的最佳利用方法就是优化搜索引擎，所以他就一直将时间和精力花在这一点上。我问他，“你是一名技术人员吗？”他回答，“不，我不是技术人员，但为了给公司创造更多线上渠道，为了创造更多的新业务，这是关键。”

“这个行为可能确实有其重要性，”我说，“但这不应该是你的重要工作。你做的哪些事情可以产生最高的收益呢？它们具体是怎样一些工作内容？”我们来回仔细查看了他所有的工作，最后他也意识到了，公司最佳的新业务大部分来源于顶端20%客户的建议和推荐。

“那么，”我说，“对于你而言，最有效地利用时间的方法，就是面对面与你最好的客户沟通，或者给他们打电话，确保他们满意开心，向他们提供额外的服务，给予培训、咨询建议和信息。”他说，“你说得很对。这非常明显。我与最好的客户相处的时间越长，他们就会向我购买更多的服务，会介绍更多与之在同一水平的朋友来购买我的服务。这将彻底改变我的整个业务。”他回到公司，后来邀请我将整个课程教给了他公司里的每一位员工。

2008至2009年间，他们的销售额从1000万美元增加至2000万美元，而当时市场是处于下滑的状态。他们彻底改变了公司的状况。通过将重心转移至客户身上、转移至销售上，公司的销售上升了，并且利润上升的速度甚至更快。

企业失败的主要原因是什么？其一，就是他们没有积极地去销售自己的产品。他们对此也往往有借口，或者他们会试图去放广告，一些网络广告，而现实的情况是，已经有3600万人在网络上打广告卖产品。他们认为，“我就在网上放一些广告，接着就可以赚一大笔钱了。”不，在多数情况下，你必须得直接与客户接触。

人们买的不是产品和服务，他们买的是人，是销售这个产品和服务的这个人，人们之所以会选择这些人，是因为相比提供类似产品或服务的其他人，他们更喜欢他们、更信任他们，所以你必须把重心真正放在这一方面。

企业失败的第二个主要原因在于，没人想要该企业生产的产品。《福布斯》刚完成一项研究，他们发现80%至90%的企业失败是因为起初就没有人想要这些企业生产的产品。卖产品的人认为这是好产品，他们甚至认为其他人也会购买。而许多情况下，他们自己都不会用这个产品，公司里的其他人也不会用，但他们却认为这个产品对其他人是有帮助的。

我曾经与一家销售励志音频课程的公司共事，那段经历让我惊讶不已，这些课程包含了顶尖的励志演讲家他们最佳的观点和信息。我走遍了整个公司的每一个角落，发现公司里没有一个人在听这个产品。

他们认为这些产品对其他人有好处，自己却永远都不会碰它们，永远不去听，永远也不会把它们放在车内播放，开着车到处走时他们听的反而是音乐或脱口秀。他们从来没有听过自己所销售的产品，想不到啊，想不到，这样的公司最终只会走向消亡，因为，正如他们所说，自己酿的果自己得先吃下去。

我经常会问，你们公司有多少人会只用自己的产品？答案惊人——公司50%至70%的员工使用的是竞争对手的产品。他们并不使用自己销售的产品，而结果是，当自己真正销售时，对产品却没有了信心。如果你自己使用某个产品，并且认为该产品非常不错，那么在谈论这个产品时，你会坚信不疑、激情饱满，而如果你自己没有亲自试验，也不认为产品有多优秀，你就无法侃侃而谈。

那么，主要的问题是销售不佳，第二个问题是，人们不想要某个产品或服务，并且他们能很快告诉你自己不想要这个产品或服务。

在经济学中我们说，每一位客户均有三个选择。他们可以购买你的产品、购买你竞争对手的产品，或者什么都不买。与每一位客户接触时，这就是你要解决的问题。

## 丹

该研究是否体现了企业主应该从公司收益中获取某特定比例的份额作为自己的工资？企业家们对自己的收入应该做何种期待？

## 博恩

对此没有确切的答案，它完全取决于企业的成功程度。如果企业创造的利润水平很高，你就可以获取更高的收入，如果没有，那你的收入也就没有多少。

开始创业时，我两年时间没有任何收入。我做的所有事情就是创造足够的收入让公司继续存活下去，并且正如我之前告诉你的，为了创业，我不得不卖掉自己的房子和汽车，向自己认识的每一个人借钱。接着把公司从加拿大搬到美国，再次起航，最终员工人数增加到了20名。

再重复一次，整整两年时间，我无法从公司中获得任何收入，不得不从其他任何途径想办法获取收入：版税、书稿费、制作音频课程等等其他所有渠道。我甚至不得不借款才能维持公司的运转，直至它开始产生收益。

我不得不投入大量资金到产品开发中，并且产品开发成本全部需要预付。产品销售纯属偶然，最终可能会发生。但你必须支付100%的费用进行产品开发、给公司备货，这些费用甚至在你有机会销售之前就已经产生——除非，你做我们之前谈论到的业务模式，代理别人的产品。那么在销售成单之前，你无需购买产品，那么你基本上是赚取差价。

公司有时候无法为你创造任何收入，这种情况也是屡见不鲜的。创业的前几年你基本上都在东拼西凑。但让我告诉你另外有趣的一点。《公司》杂志每年会对500家增长速度最快的企业做一项研究，在最近一期评述中，他们将注意力放在了这些公司的创始人身上。

最近一次研究中增长速度最快的一家公司在过去3年时间里增长了420倍，也就是42000%。许多公司增长了50或100倍，这已经是现象级事件。大部分公司如果能增长10%或20%就已经开心了。

他们发现，这些真正得以增长的公司的创始人有两个共同点。其一，他们创立这家公司是因为自己钟爱这个产品，他们自己以及他们的家人真正为这个产品而兴奋不已。后来才发现其他人也喜欢这个产品。

增长了420倍的公司，开发了一个针对小学生的早期教育课程，绑定到iPad中，这个课程可以帮助他们自己的孩子取得全A的成绩，这确实是一个很好的概念。美国的其他每一位家长都说，“我想要这个产品，我想要自己的孩子在一年级、二年级、三年级起步时就能获得全A的成绩，因为这将为他的一生奠定好基础，他们应该拥有全A的人生。”家长们开始疯狂地涌进公司购买产品。公司因此增长了42000%，他们创建这家公司时是因为想帮助自己的孩子们。

另外一个企业家，哈姆迪·乌鲁卡亚，开创了乔巴尼酸奶，因为他来自土耳其，对希腊酸奶爱不释口。这种酸奶蛋白质含量很高，质量上乘，在任何其他地方均没有销售。我们喝的都是一些寡淡无味、牛奶状的、掺水的酸奶。哈姆迪开始在家生产希腊酸奶，销售给当地的商铺。一开始销售非常火爆，尽管它的售价是普通酸奶的2倍。他的故事一点都不平凡。最后他买了纽约一家破产的酸奶工厂，借了一些钱，借了一些设备，开始大规模生产乔巴尼酸奶。现在已经成为了北美增长速度最快、销量最大的酸奶品牌之一。我的家人，除了乔巴尼不会选择其他酸奶，哪怕它的价格要贵2倍，但味道就是如此之好。请记住，他之所以开始生产酸奶是因为自己喜欢希腊酸奶的风味。

那么当人们说“我想创业”时，我会说，“你要确保，自己将要提供的产品或服务是自己想要的，是自己想买给家人的，是你会销售给自己的母亲、父亲、最要好的朋友的，因为你认为这个产品或服务非常之好，能真正给他们的生活带去改变。”

这是创业的起点。但那并不意味着你会成功，而没有这一点的话，研究结果表明，其可能性就是你将永远不会全身心投入到这个企业中来。你会周五去打高尔夫球，休假，与别人谈天说地，靠着自己所能乞讨、借用和偷窃的任何东西来过活，直至公司破产。

这就是公司在起初几年会破产的两个主要原因：因为产品没有市场，或者因为对产品没有信心。

## 丹

博恩，相比每两周拿一次固定薪水，一个人在赚钱并且为企业计划现金流过程中，他必须经历怎样的思维转变？

## 博恩

专家们研究了几次大范围的裁员，数千人同时失业——类似于航空或技术行业下滑或其他经济上的变化。许多时候员工被解雇时，公司支付了大笔的离职金，有时候高达几十万美元。这些人为公司工作了10年至20年，积蓄已经逐渐积累起来，并且这些积蓄已经在给他们创造收益。

那么这些人会做出这样的决定，“好吧，去他的，我就去创造一番属于自己的事业”。这已经越来越常见。按百分率来看，新创企业中最大的一部分是由50岁左右的人创立的，而且令人惊讶的是，这其中更大的一部分是由女性创立的。女性创业的比例高于男性——不论在哪个年龄阶段。

对于这些新企业家而言，会发生的第一件事情是，他们会近乎震惊地发现所有事情都需要自己亲自去做——类似于接电话、倒垃圾、煮咖啡、打包箱子等等的小事。如果他们曾给大型甚至中型企业工作过，这类企业就有劳工部。而自己开始创业时，没有其他人来做这些小事。厄尔·南丁格尔过去曾说，你所犯的最大的错误，就是认为自己只为别人打工。只有在你的企业开始有所起色时你才能请得起帮手。

开始创业时，我根本不存任何幻想。我弄了一台打字机，自己亲自打促销信、与客户的协议书。我不得不自己去邮寄。为了专业打印一些东西，我不得不去找一名打字员。为了生产一些东西，我就不得不设计好，找设计师、印刷工。

我曾经做了整整一年这些繁重的工作。我设计了自己的宣传手册、亲自打电话做销售。我自己带人参加自己的研讨会、自己写名牌、做演讲、端咖啡、摆桌椅。

事无巨细，我全部自己动手，只有妻子在帮我。一年或一年半以后，我才有了1/3个秘书，因为我与另外两个曾经是顾问销售的人一起工作。我们共享一名秘书，莫妮卡，每个人1/3。半年之后，我的业务获得了足够的增长时，我才能够全职聘请莫妮卡。所以那时我才有了第一位全职的员工来负责我一直亲手在做的所有繁琐事务，接着就是第二名、第三名等等。但刚开始创业时就是如此。我们之前谈过，如果创业时资本过多，你会招募太多的人员，那么所有现金被消耗完的速度将让你大吃一惊。因此，你必须理解的第一点就是，你将要负责公司内的有所事务，尤其是创造收益。

我见过太多的企业主，失去了所有。他们说，“我会聘请一位很好的销售人员。”不，你不会，因为好的销售人员不会来为你打工。

他们已经在某个知名企业中销售某个产品，并且收入颇丰，这家企业具备已经确认的产品系列、已建立的客户关系和市场上的口碑。

我记得自己就曾犯过此类错误。我聘请了一位销售人员，他的名字是丹尼斯，工作极其恶劣。他嘴上对自己曾经是一名多么顶尖的销售人员夸夸其谈，但实际上，他榨干了我的公司，向我承诺了大量的客户、成堆的订单、随时入账的支票。我认为，三个月内他从未销售过一单产品。

他收取大额的预付佣金，并且还可以从自己本应该完成的销售中抽取提成。三个月后我与他当面对质，他离开了公司，之后我再也没有见过他。而这一次我认识到，我得自己来做销售。

我个人非常重视销售运作的重要性。如果你不是销售人员，找个销售的伙伴。合伙制企业中做得很不错的一家就是惠普。比尔·惠利特对工程十分拿手，并且研发了惠普的第一款产品，是一个示波器。戴维·帕卡德则是一名惊人的营销和销售人员。

他们的合作后来被证明是世界商业历史上最成功的合伙制企业之一。比尔与其不断壮大的工程师团队研发了出色的产品。戴维与他不断壮大的营销和销售团队走出门去将这些产品销往世界各地。

那么，如果你不具备销售能力，在没有找到销售水平出神入化的合作伙伴之前，不要创业。风险太高了。

## 丹

最后，对于投资人而言，不论是金融投资，如股票、债券和养老金，还是房地产投资，要在投资中实现强劲、持续的收入，你知道有哪些最佳的策略？

## 博恩

当你做出某个投资决定时，需要意识到的最重要的一点就是，你在与那位销售该投资项目的人进行知识和经验上的博弈。你认为该投资价值会增长，他们却不这么认为，或者甚至更差，他们认为价值会下跌。那就是为什么每一个股票交易均是一场零和博弈。卖出的人认为这只股票的价值已经涨到了最高点，而买入的人则希望它还会继续上涨。

关于房地产，产生收入的房地产、商业地产，这是积累财富的最佳基础之一。但是商业地产并非绝对成功之选。

我有两位朋友，均是全职商业地产专家，在该行业已有 10 年、20 年的经验。他们开发、自持、经营了价值数百万美元的商业地产办公楼、工业建筑、酒店等等。当市场下滑时，两人都破产了，因为他们做了房产抵押贷款。这些房屋抵押贷款的基础就是租约，而客户们因为经济下行也破产了，他们没有足够的现金支撑该建筑，所以建筑被银行和抵押公司收回，两人以破产告终。他们不得不卖掉自己的房子，卖掉一切所有，与家人一同搬到出租房。基本上，这两位曾经坐拥数百万家财的大富豪，不得不回到街上去谋生。

那么你应该了解，在商业地产行业随时都有人破产。你也要了解，美国有 30%的购物中心已经破产或濒临破产，因为在网上就可以更加便捷地购买到数百万种商品。你不需要开车穿过整个城市，找到一个停车位，走进一家店铺，才发现，原来这家店没有你要的尺码或颜色，或者根本没有你想要的东西。而你可以上网，点击两下，就可以用折扣价买到自己想要的那个尺码、外形、颜色的产品，并且第二天就送到你家门前。

如今 30%的购物中心都开始破产，并且被逐渐改造成保龄球馆和健身房、或者是公共服务机构，里面取代货架与商品的就是那些办公桌椅。

最佳的投资能为你产生固定、持续的正现金流。我曾经买入的一些投资项目中，销售人员真正会卖给你一处当时无法产生任何现金流的地产。你在盈亏相抵时买入，但它为你产生不了任何收益。你需要支付成本，还得偿付抵押贷款，并且必须给出个人担保，而你做的一切只达到了盈亏平衡，因为该地产当时所产生的收益仅够支付抵押贷款。

为什么仍然是好的投资？因为在第二年，你就可以稍微上调租金，接下来一年，你可以继续上调一些租金，正如我给你举过的公寓例子。在购买该房产时，它实际上每个月都在花费我的成本，而一旦有了租户之后，我就可以逐渐增加房租。

那么今天，我已经开始投资数百万美元的项目，开始时你只能保持不赚不赔，但项目不错，处于正在不断发展的一个区域，而且实际可靠。如果你能够在前一两年坚持住，第三年或第四年就可以略有盈利。有时候需要7年时间你才可以真正意义上创造一个正向现金流，覆盖那些入不敷出的年份中所支付的成本。这在购买商业地产方面是极其常见的。

## 丹

博恩，请你最后与大家分享收入的原则，以及作为投资人或职员对待收入的原则。

## 博恩

首先，创收往往是有风险的，因为每个人都想要收入。每个人都想要高额收入、有保证的收入。正如我的一位好朋友曾经在某个MBA课堂上谈到的，整个职业生涯中你必须面对的三个因素，并且将决定发生在你身上所有事情的那三个因素就是：竞争、竞争和竞争。

每个人都想过上幸福生活，想要赚很多的钱，想要稳定的现金流，想要利润和良好的生活水准。所以你做的每一件事情中，围绕着你的都是成千上万、数以百万计的人们，他们为了有限的那些现金流与你在竞争。

那就是为什么，正如沃伦·巴菲特所说，你能参与的最佳投资就是指数基金。我之前提到过，巴菲特80%的时间都在研究自己的投资。卡洛斯·斯利姆，世界首富之一，投入80%的时间来研究自己的投资。这些就是你的竞争对手，你在与这些才华横溢、积累了几十年经验、知识储备惊人、有世界上最聪明的人做朋友的人竞争，就算是他们，犯错的概率也在25%至30%之间。

因此，如果要投资，最好是跟着专家一起投资，跟着那些有可靠的成功记录的人、有赚钱历史的人，以及会与你共同投资的人一起投资。我曾经最好的投资是与他人共同投资，我们共同进退，赚钱的速度和额度完全一致。那是所有投资中最好的。

第六章

# 创造财富的科学

早在“对金钱的误解”一节中，我们讨论过了，大部分富人并不关注获得金钱，他们看重的是创造财富。这其中存在一个很大的差异，因为将金钱作为一门科学学科对待，我们实际上会假设金钱是可以获得的某个物品，而事实是，金钱是价值的交换手段，是生产行为的副产品。在本章中，博恩将阐明其中的差异。他将讨论到企业家、发明家、作家和其他创造性职业人士，是如何通过创造和创新而成为地球上收入最高的人群。

## 丹

在本章中，我们将进入金钱科学中一个更高的层次。我们可以将其称为毕业层次。之前的章节涉及的是，在有一份工作的情况下，一些可以通往经济有保障、可能实现财务自由的人生的方法。但是如果某人想要的是巨大的财富，也就是媒体提到的顶端1%，就必须通过增加价值或创造新的价值来实现你的勃勃雄心。请谈一谈竞争性思维模式，也就是你与其他人为了成功而竞争，与创造性思维模式之间的差异，即你增加价值并开创一个全新的范畴。同时，也请解释为什么后者带来的回报更高并且最终更加可靠。

## 博恩

竞争性思维模式与创造性思维模式均具有举足轻重的地位。正如我之前谈到的，我们生活在一个具备高创造力水平的世界中，这个世界中每个人都希望生活水平更上一层楼。这一方面解释了与美国、加拿大相关的所有事情，在另一方面也解释了中国、越南和印度尼西亚发生的所有事情——这些国家产品的生产成本远远低于我们国家。这就是因为他们的行为代表的，就是想要以最小成本获得最大价值的美国客户群体。

IBM 曾经是个人电脑领域的世界巨头。他们设定了 5 年内占领世界 50%市场份额的目标，而在 2 年内就实现了。今天 IBM 将电脑业务全部卖给了中国的联想公司，并且所有 IBM 的个人电脑以及世界上其他个人电脑品牌有一半数量全部在中国生产，因为在中国可以以远远低于我们的价格生产高质量的个人电脑。竞争、竞争、竞争——永无止境。

有些人的确进入了顶端 1%，或者顶端 0.01%或 0.001%的人群中，但是可能性极低——99 比 1——那么就需要大量的因素同时互相契合。大部分人致富的路程都是缓慢的，都是从单一的一个产品开始的。我研究这一方面已有多年。你从某一个产品开始，让它成功，接着你还必须经历一系列的阶段。

假设你想要开创一家企业，你想要获得经济上的成功，终极目标是创造财富，让自己可以安然退休。这个想法非常好、非常健康，并且非常切实可行。你做的第一件事情应该是说，我的产品是什么？你要以贡献价值来定义自己的产品。价值贡献，是指这个产品能给我的客户的生活带去怎样的改变？

根据吉姆·柯林斯的著作《从优秀到卓越》，企业成功的两个关键因素，首先就是，你必须具备一个有重要性的产品或服务。它必须能够带来改变、必须有特定的意义、必须是人们需要、想要并且在乎的某个东西。如果你的产品可有可无，那么销售的唯一途径就是巧妙的广告和降低价格。然而如果你所拥有的某个东西对他人十分重要，那么你的要价可以更高，人们也会愿意支付更高的成本。

第二个因素，这项产品或服务必须与众不同、更胜一筹。它必须可辨识度高，那么人们在所有类似的可选产品中也更愿意选择它。完美的一个案例就是苹果的 iPhone 手机。这款手机问市时，当时手机行业的世界领头羊是黑莓，占据了整个全球销售市场 49%的份额。还有诺基亚，占据了世界全部手机市场的 49%。他们均把 iPhone 当做玩具一般不予理睬。

但是，苹果公司当时就已经意识到，如果你可以将人们所有想要实现的不同功能结合起来——发送照片、发送信息、下载信息、查看餐厅、使用手机软件等等，将它们全部整合到同一款手机里，再加上拍照和录音乐的功能——你就创造了别人之前从未有过的东西。这个行业的巨头，黑莓和诺基亚，认为它是个玩具而对其视而不见，并宣称 iPhone 只适合青少年使用，没有人会真正想要这样的产品，而质量可靠、稳定的旧式手机，将总会有市场。5 年后这两家公司均破产了。

我向我的观众们提出这个问题："让我们谈一谈什么东西是重要的。你是否曾经上车开出几个街区或者在上班的半路上，意识到自己的手机落在家中了？"我问 1000 个人，他们都会点头。我接着问，"你会怎么做？"每个人都说，"掉头，回家。"这就是重要的东西，它重要到如果你意识到它不在身边就会回家去取。

你必须拥有某个重要的产品，一个可以为别人的生活带去改变的产品。价值贡献，永远都是指，你的产品具备何种功能使人们愿意为之付出成本让自己享受这个功能？你的产品解决何种问题的能力超群使人们愿意向你付款？你的产品可以创造何种重要的效益使人们宁愿做出牺牲也要拥有它？你的产品能帮助他们实现怎样的目标，减轻何种痛苦？有非常多的产品和服务根本毫无价值。他们并未给出以上问题的答案，而结果就往往是失败。

一旦有了产品理念，第二件事则是，你必须测试这个理念。今天我们发现，最有效的测试方法是客户测试法。你问自己，对于我的产品理念而言，理想的客户群体是哪些？哪部分群体会首先来购买并且支付最高的价钱？接着你需要找到一个或几个这类型的客户，亲自与他们交谈。这是如今营销领域正在进行的一场革命。

过去，公司会设计一款新产品，接着对公众宣布这一惊喜，正如某部电影首次在大荧幕公开亮相一样。如今越来越多的公司会找到潜在的客户，对他们说，“我认为这款产品将非常适合你，帮助你改善目前的生活和工作质量。你认为怎么样？”你的客户会给你反馈，他们将会说，“我喜欢这个产品，我不喜欢那个产品。我喜欢这个部分但不喜欢那个部分，如果这个功能多一些，那个功能少一些……”接着你回到公司对产品做出相应的调整。

这与设计一道新菜非常类似。你请自己的家人来尝一尝这一道菜，问他们，“你认为怎么样？”“太咸了，或者太辣了，或者太甜了，或者太过什么。”你回去不断对这道食谱进行调整，直至所有人都认为它美味无比。这时你就知道自己成功了。

这就是当下营销领域的情况，我们称其为客户共同创造。当产生某个产品理念并且想了解这个产品如何可以改善客户的生活或工作时，你要去找寻潜在客户并且与之携手合作，直至他们完全同意，“是的，这是一个很不错的产品。产品最终完成时，为了拥有它，我愿意付钱给你。”唯一真正重要的是付款交易：向你付款的个人行为。他们嘴上说产品不错，这还不够，需要他们真正付钱给你，好让他们自己成为第一个享有这个产品的人。

想一想苹果的新品发布，人们提前三天去大街上排队，晚上也睡在街上，让其他人给自己带食物，来替换自己好让自己有时间上厕所。我与一些创业人士谈话，问他们，“当你发布一款新产品时，有多少人也会这么做？”他们只是笑一笑，说，“没有，一个都没有，从来没有过。”

那么，首先你需要测试自己的产品，确保它会有市场。接着，你进行限量的发布来确认产品的定价。然后才是开始大量生产，开发一个商业模式，让自己可以在最短的时间内、以最适合的价格、最大限度地将自己的产品或服务推广到最多的客户群体中。接下来的只需要简单重复这一过程即可。

这基本上就是人们成功创业的方式。幸运的话，你将能拥有某个具有革命性意义的产品或服务，但只有在这个时候你才能进入更高的层次，创造大量的财富。比尔·盖茨的微软系统软件就是革命性的产品，它成了全球所有计算机的基本软件。

这里有一点很有趣。比尔·盖茨并没有创造这个软件，他实际上是从另外某个开发了微软系统软件的人手中买过来的，并对其进行了显著的改善。他决定将自己的软件向世界上所有的软件开发者开放，那么任何人都可以使用这个代码，开发以微软平台为基础的软件。史蒂夫·乔布斯和比尔·盖茨均在同一时间起步，也就是 20 世纪 80 年代初，而史蒂夫·乔布斯决定通过关闭计算机体系结构，使其成为个人私有，而将利润尽可能最大化。

10 年之内，比尔·盖茨占据了 99%的市场，而苹果市场份额下降到 2%，尽管许多人认为，苹果电脑更胜一筹，操作更简易、用户体验更好、更美观等等，但是他们选择了错误的商业模式。当 2006 年将 iPhone 买断时，他们再一次说，“我们将要开发手机应用软件。”所以苹果开发了一些应用软件，但最终被说服，应该将软件体系结构对外公开，让其他人也可以开发。他们还承认，自己没有资源来开发大量的手机应用。史蒂夫·乔布斯为此抗争了很长一段时间，最终同意将体系结构向应用软件开发者公开。

那成为了历史上最伟大的商业决策之一。它产生了数亿美元、数十亿美元的利润，让苹果公司成为世界上市值最高的企业，让他们的股票飞涨。目前，税后他们在银行仍有 2000 亿美元的现金储备。一切都取决于商业模式上的那次快速的转变：开放体系结构。比尔·盖茨已经成为世界首富，因为一开始他就将微软系统软件公开。

有时候，你可以将某个产品或服务与某种能转变整个企业的独特或不同的营销方法结合起来。雷·克拉克，当他看到麦当劳兄弟以及他们在圣贝纳迪诺的汉堡店时想到了这个主意。他当时销售的是奶昔机器，而且这家公司购买的奶昔机不断增加。所以他亲自去看一看这家企业，结果让他惊讶不已。他们有一整条生产线，生产质量上乘的汉堡包、炸薯条和麦乳精饮料。

他说，“这是一个非常不错的想法。他们将这个传统的汉堡包联合生产线，改造成了一台机器。”顾客排起队来，开车从四面八方过来卖汉堡包。麦当劳兄弟发财了。于是雷·克拉克找到麦当劳兄弟，说，“你们想不想与我一起合伙做生意？”他们回答说，“当然。”“那么我们就开创一个企业，所有权共享”——我认为当时是对半开——“我会把你们整个体系搬回我在伊利诺斯州德斯普兰斯的总部，并且我会复制这一体系。”

克拉克后来想要进一步扩张，就再回去找麦当劳兄弟。他说自己想要扩张业务，但必须借钱，所以不得不办理抵押贷款。麦当劳兄弟说，不行、不行、不行——他们不希望与这些东西有任何关系。他们只是来自圣贝纳迪诺某个农业社区的两个好人。克拉克说，“那么就请允许我买断你们的所有权，将品牌名和概念一起买断。”他们于是就以很低的价格将麦当劳卖给了克拉克。余下的故事大家都知道了。这家公司大获成功，而雷·克拉克也成了世界首富之一。

这里另外有趣的一点是，人们说自己想要以特许经营的模式来发展自己的业务，我从很多企业家口中听到这个想法。要卖出第一个特许经营权大概需要七八年时间。也需要七八年时间才能将业务标准化到一定程度使其成为一台稳赚不赔的赚钱机器，使其像瑞士手表一样精准地运转，那么你才可以打开门就实现盈利整日不间断。

接着为了证明自己已经拥有一套系统，你就要开另一家分店，几乎就像是阿米巴虫或克隆一样去复制第一家店。你克隆创造出第二家，安装所有相同的系统——你将这两家做的一模一样，不要出现任何差异——看看是否它也会变成一台赚钱的机器。如果它们成为相同的赚钱机器，你就知道自己已经手握王牌。接着你就开第三家和第四家，但大部分人直到第 8 年后才能这样做，因为解决系统中所有的问题就需要 7 年时间——我们之前谈到过这个 7 年周期。只有在这时你才可以开始复制。

当比尔·盖茨的微软曾经遇到问题时，他将微软软件特许给 IBM 的个人电脑使用。但后来微软出现了财务问题，这是经济衰退时经常发生的事情。盖茨去到IBM公司说，“你看，与其每次在一台个人计算机上安装微软你都要向我支付使用费，你为什么不向我支付35万美元，我把软件卖给你呢？”IBM的人说，“不，我们并不从事软件业务，很感谢您，但我们没有兴趣花35万美元来购买微软软件。”你能想象这些话吗？

于是，比尔·盖茨不得不想其他办法让公司重新运转起来，而他的确做到了。今天，微软可以在早餐之前，甚至不需要在他们的财务报表中做任何体现，就可以买进再卖出IBM。我一直想知道当时IBM是哪位伟大的天才做出了当时的决策。但这也是一个偶然事件。现在看着比尔·盖茨，我们会说，“哇，世界首富！”他曾经差点就成不了首富。雷·克拉克也曾赌上了自己的所有。

彼得·德鲁克说，“不论你在哪里看到某个成功的企业，这个企业都有某个人冒着很大的风险，但最终赢了。”白手起家的亿万富翁们开始时一无所有，却在自己的一生中创造了十亿美元的财富。他们说，首要品质就是勤奋与自律。第二个品质是持续的学习，这一点我们在沃伦·巴菲特身上也看到了。第三个品质是冒险的意愿：在某个特定的时候，他们愿意将一切都押上去，就像德州扑克一样，为一张牌将所有的筹码押上去。他们愿意这么做，而正确的那张牌出现了。这就是成为顶端0.001%人群中一员的方式。从来没有听说过哪个亿万富翁没有赌上自己的一切。在那些确实赌上一切的人之中，很大一部分输到倾家荡产，不得不重头来。

顶层1%的人对比底层99%的人，他们所有人的起跑线是相同的，具备相同的自然能力——没有赚钱的能力，也没有钱，可能受到的教育有好有坏，或者可能根本没有受过教育，等等。这些特定的人是如何进入顶层1%的？

我发现正确的数据是顶端3%，并非1%。是顶端那3%的人拥有清晰、明确的目标和计划，将其写下来，为之努力奋斗，正如一名建筑师一样，设计一栋精美绝伦的建筑并且持续改善建筑的蓝图。这些人为了那些写下来的目标和计划努力奋斗，而他们就是顶层3%的人。

你从一些研究当中也可以得知，这些人的收入是普通人收入的10

倍，他们获得10倍的财富，拥有更好的生活，因为他们将目标和计划写下来了。并不是1%比99%，而是3%比97%。

美国管理协会对此进行了研究。他们发现成功人士并非更聪明，并非具有更高的智商，他们毕业时也并未有更好的分数，也未曾上过更好的大学。他们只是在特定的事情上面的做法与其他人不同，而其中一点则是，他们会将目标与计划写下来。当开始创办自己的企业时，他们写下十分清晰的商业计划，接着一步一步制定清单以找到适合自己的产品或服务。

我曾经与一些十分友好的人一起共事，他们决定开展某个多层营销业务。他们用一年半的时间走访整个国家，查看了成百上千的多层营销业务，尝试了他们所有的产品，最后找到了自己真正喜欢的产品。这个产品对他们而言是完美的。就其利益而言，这是他们理想的产品，他们喜欢这个产品，于是就签订合同。他们加入了这个多层营销业务，之前他们曾经因为某个业务未能成功而破产。他们再次开始，这一次成为了拥有数百万家财的富豪，因为这一次他们做足了功课。

第一次下海经商时，他们毫无头绪，就像狗儿追着汽车跑一样。这一次他们坐下来，将目标写下来。他们说，“从上次业务中我们可以学到什么？我们可以自豪地去销售何种产品？人们会愿意反复购买何种产品？”他们仔细地思考上述所有问题，接着查看了自己清单上每一款可选的产品，直至最终找到一款。接下来他们小规模地对产品进行了试验，后来大获成功。我知道这些，因为我与他们交谈过、共事过。

要变得极其富有实属罕见，但你可以通过提前细心计划、充分思考来大幅度增加对你有利的概率。正如他们所说，不要亏钱。在将自己的资本投入进去、做出不可撤销的承诺之前，仔细想清楚，投入时间和精力去学习自己所投资的业务的每一个细节。

## 丹

人们使用的最常见的方法就是迈克尔·格柏所称的系统企业

家。相比只会在自己的小业务内磨炼自己技能的某一个企业家而言，这是专注于系统以便使其成为可以复制、可以创造更大价值的一类人。请讨论这两类企业家之间的差异。

## 博恩

首先，只有很少的业务产品适合特许经营。适合的产品必须是消耗品，必须是人们会反复购买的物品，必须具备其他所有类似产品所不具备的无法比拟的优势。这类产品必须具备诸多特质。

第二，正如我们之前提到的，首次创业要成功，需要 7 年的时间，并且你必须亲自待在企业内，全身心投入。认为只需要充当企业的门面，而不需要在企业内事必躬亲的那些人，他们一生中创业从未成功过，现在也仍然一事无成。那些听取了这一类人的创业建议的人，也从未成功过。

我曾经有一个好朋友，他就钟爱“只需要充当企业的门面，而不需要在企业内事必躬亲即可”这个想法。他说，“我对那个想法照单全收，直至最终破产。后来，我回过头亲自去参与企业内的大小事务。”

我有一个好朋友，教授企业管理。我与他聊天时他说，每一个成功的企业主都会亲自参与到企业中去，无一例外。他说，“看看比尔·盖茨，这可能是人类历史上最成功的企业主。他在自己企业中一直担任首席建筑师，他全力以赴地投入进去。他将日常管理和监督移交给了那些首席执行官和首席运营官们，但他始终埋头扎进企业中，一如既往。从 12 岁时开始，他就一直用自己的双手亲自在企业内默默耕耘。”

我有一位管理咨询朋友，对企业进行了超过 12 年的研究。他研究了数百家企业，试图找出令企业成功的品质，而他认为，这就是亲力亲为的管理风格，为此他还写了一本书。这类型的企业主会亲自巡视企业，正如医生在医院巡视病人一般。他们自己把脉，亲自检查眼睛、嘴部、脸部，亲自量血压。这位医生始终亲自接诊病人。

开办企业与急诊非常类似。如果走进一间急诊室，你会发现医生和护士都在。他们的双手一直都在病人身上，因为这是关键的时刻。

我看过某家医院贴在墙上的信息，上面说，在中风的情况下，前30分钟决定了中风患者以后是否能够活下去、是否能够行走、思考或其他，你必须迅速做出反应。接着描述了中风的症状、应立即采取的措施、应该去的地方。这就像是开始创办一家企业。开办企业时，这就是红色警报时期。每天都惊心动魄，因为它可以决定企业的成败。接连一些日子里效益不会好，没有现金入账、没有利润、没有销售，你就会失败。

你必须亲自动手让企业变得成功。那些说你不需要事必躬亲的人从未有过成功创业的经验。从你自身的经验中即可得知，如果想要成功，你就必须全身心投入。可以人为增加成功的概率，但永远无法保证成功的结果。

## 丹

当谈论创造财富时，我们谈论的是一种不同的思维模式，与从媒体口中听到的不一样。媒体会假设资源是固定的，我们均可以参与竞争，我们可以称其为稀缺心态。而“金钱的科学”教给我们的是，金钱不是社会分配的，而是创造出来的，我们称其为富足心态。请谈论这两种不同心态之间的差异。

## 博恩

这个问题非常好。对于整个人类历史而言，财富转移的方式往往是掠夺。那些公爵、贵族、伯爵、国王等等，拥有的财产是自己掠夺而来的。而村民们则被要求将自己农作物收成的10%或20%作为贡品上交给拥有土地的那些人。这些人接收庄稼之后再销售给村民，这是他们主要的收入来源，也是如今我们的税收。它来自那些在土地上耕作的人民的辛勤劳动。

贵族们却住在美轮美奂的城堡中，过着美轮美奂的生活。他们会带着超出想象的珠宝成群结队地出行，而此时普通的人们却在吃土，还得将自己收入的10%或20%上交给他们。正是这种情形导致了罗宾汉以及欧洲所有其他类似神话的出现。如上所述，几乎所有的战争均是一场场掠夺，是抢夺、窃取、洗劫、占有一切你可以占有的东西。

艾茵·兰德谈论了资本主义在17世纪末和18世纪初的发展，尤其是在拿破仑战争于1815年结束之后。她说，在这个时候，赚钱这个表述在人类历史上首次被创造出来。赚钱意味着将资源、原材料、劳动力，以及最终的机器，整合起来，你实际上就可以在之前从未存在过财富的领域创造财富。

一百年以来，美国一直占据真正意义上赚钱的世界首位。你从无至有地创造出金钱，从地上种植出某些东西或从地下挖掘出某些东西。你使用劳动力去砍树、炼钢或纺织衣物。你创造机械，从原材料与劳动力中创造出财富。

我的一位好朋友，现在是世界首富之一，曾写过一本书。他说人的物质财富等同于工具乘以时间或金钱。基本上他表达的意思是，物质财富来源于耗费了大量金钱才研发出来的工具成倍地乘以劳动力。这一点从未发生过真正的改变。

今天，在零售行业创造一个岗位需要10万美元，在石油化工领域创造一个岗位则需花费50万美元。在每一个行业内创造一个岗位都需要大量金钱的投入。而投资人必须从支出中节省下来这笔费用来进行这个投入。资本主义实际上是“储蓄主义”：但凡某个地方储蓄水平高，才会有高水平的可用资本可以投资到新的行业和机遇中去，而这就可以创造财富与就业，可以为未来创造可能。

创造财富意味着你在寻找新的方法去服务他人。你在寻找改善他人生活和工作的方法，让他们愿意争先恐后地来购买你的产品或服务。与此同时你还必须竞争，因为其他所有人也想要获得相同的客户，因为他们也想要创造同样的财富，希望享受同样的生活水平。

富足心态是指，机会是无穷尽的，因为人类的欲望是无止境的。

这是我所学过的最重要的原则之一。只要人的欲望还没有被实现、问题没有得到解决、需求没有被满足，对那些具有创造力的少数人而言，就永远有机会。

## 丹

往往会妨碍人们创造巨大财富的一点是，他们必须面对的风险等级。请谈一谈为了实现最高层次的成功，那种可以界定行业层次的成功，如马克·扎克伯格、沃伦·巴菲特，或者Spanx公司的创始人，萨拉·布莱克利，创业者必须承担怎样的风险。是否值得去冒那样的风险？那些拥有更加温和的梦想的人是否依然可以创造巨大的价值？

## 博恩

让我们看一看这三个例子。马克·扎克伯格在哈佛的宿舍中想出了通过上传学生的简介至某个网站，达到将男生和女生连接起来的目的。如果看到一个女生或男生，就可以去这个网站了解她或他。

他们称其为脸书。人们可以进入这个网站，看看哈佛的人长什么样子。这个主意非常不错，越来越多的人开始这样做，人们开始接踵而至。而创始人根本没有赚取任何利润，这个网站不过一群怪咖的一个项目。很快，哈佛的每个人都在网站上注册了，因为如果你想积极参与到社交中去，想要人们了解你自己，了解你的兴趣是什么，你就会上这个网站。人们开始在这个网站上互相分享信息。这个项目在哈佛大获青睐，以致耶鲁大学的某个人问，“你们可以做一个耶鲁大学的脸书吗？”他们说，“当然。”所以他们利用相同的技术创造了另外一个脸书。

接着他们意识到，那些没有在大学的人也喜欢这个脸书。它意外地发展起来了。每个人都希望能够在线与他人沟通交流、分享故事、照片等等。初期，它极其简单粗糙，他们碰巧开发出了某项得到疯狂传播的技术，这不过偶然的运气。想象一下：现在有 12 亿人注册了脸书。每天有 10 亿人在使用脸书。这是一件不同寻常的事情，这也是真正的意外好运，因为，脸书之前也曾存在过其他社交媒体网站。像“我的空间”就这么消失了。

沃伦·巴菲特参加了本杰明·格雷厄姆在哥伦比亚的一个课程。本杰明·格雷厄姆是价值投资之父。他说，你必须真正深入研究某个公司的基本面，去了解它销售的产品或服务是否真正为客户创造了价值。他们称之为价值创造和价值捕获。价值创造必须与客户相关，因为产品给他们生活带去的改善大大超出了他们愿意支付的金钱数额。价值捕获是指，获得你为他人创造的价值的一部分。

格雷厄姆讲授了这个原则，要从企业的基本价值以及这些公司如何比类似行业内的竞争对手提供更好的价值或不同的价值来看待这些企业。他同时发问，这些公司里面的员工都是什么样的？他们都是良好的管理者吗？是精明的新产品开发者吗？他们野心勃勃，总是寻求改善产品的方法吗？这是对所有这些价值创造的因素的整合，曾经是这样，现在也是如此。

沃伦·巴菲特在一个美好的家庭中长大。他父亲被派驻在华盛顿，当沃伦 14 岁时，家庭并不是很富裕，所以他找了一份早上送报纸的工作。每送一份报纸他可以赚 1 美分。他对自己的钱非常谨慎，所以父母为他支付了所有其他费用。接下来的 2 年时间里，他送了 20 多万份报纸，每天早上 4 点起床、送报纸、回家、上学。

他节省下来 2000 美元。从哥伦比亚大学毕业后，就用这 2000 美元开始了自己的事业。他听取了本杰明·格雷厄姆的建议：投资有价值且能提供人们喜欢的、需要的、被认为是优于竞争对手的、可以产生利润的产品和服务的公司。接着拿着这些利润，通过某种渠道去购买其他同样销售人们需要且产生利润的产品或服务的公司。继续拿着更大的利润去重复这一行为。巴菲特就持续这一过程，直至今天成为历史上最成功的投资人。

这是十分简单的一个概念。巴菲特偶然参加了本杰明·格雷厄姆的课程，但这个课程在他很年轻的时候，就让他接触到了这一概念，教给了他如何投资的固定观念，而他也永远未曾偏离过这些观念。整个美国以及整个世界上，都存在着他们称为的巴菲特式亿万富翁。他们是在奥马哈市认识沃伦的人们，医生、律师、销售人员、企业主们。沃伦在二十岁时是一个非常热心的年轻人，用自己的2000美元开始投资，并且干得不错。所以这些人说，“沃伦，你可以帮我投资吗？”他回答说，“当然。”你从来没有听说过这些人的名字，但他们其中一些人现在身价50亿、60亿美元，因为这些人在沃伦还是一位投资的年轻小伙子的时候就结识了他。

现在让我们看看创造了Spanx品牌的萨拉·布莱克利。她曾经与许多女性一样，关心着同一个问题：美丽的外表。她环顾四周，发现女性内衣品种繁多，但没有一种使用到了能够在真正意义上让她们看起来苗条的塑化技术。她也发现，这个领域内还没有其他人。这就是萨拉·布莱克利创造Spanx的故事。

不同类型的产品已经存在，而她有了一些很不错的想法。她亲自研发属于自己的样式并且生产出来。接着她逐个拜访一些商店，让这些商店和精品店同意寄售自己的产品。最后人们开始买她的内衣，而她的事业就这样起步了。最初的时候她忙到脚不着地，如果你允许我这么说的话，劝说别人接受自己的产品，但最终证明，这是在对的时间出现的对的产品。

她是极其睿智的商业女性，她聘请了十分优秀的设计师，现在每个产品她均亲自设计。结果，公司疯狂发展起来，因为想要这个产品的人实在太多，而她提供的产品品质极高。今天Spanx是业内最佳，其产品也被认为是质量最好的产品。

这与苹果的iPhone系列手机如出一辙。人们愿意为一部iPhone手机支付高于三星或其他品牌手机的成本，因为iPhone手机被认为是市场上的优质产品。而对于质量上乘的产品总是会有巨大的市场。

## 丹

博恩，关于本次创造财富的讨论，人们应当记住什么？

## 博恩

重中之重必须是持续的改善。你是否听过持续、永无止境的改善？

不论是在经济上或其他任何方面，成功最大的敌人是满足，即来自舒适区的诱惑。许多公司会带着一款很不错的产品强势登场，该产品获得广泛的市场认可，销售量可观，接着竞争对手就会蜂拥而至。这里存在这样一个经济原理：只要存在高于平均水平的潜在利润，竞争对手会带着类似的产品或服务冲进这个领域试图从那些额外的利润中分一杯羹。许多年前我就这个主题写了一篇文章，被各类报纸刊发，文章标题是“价高的唯一解决方法就是高价”。价格一旦上涨，人们总会抱怨。不要担心，因为这时竞争者们会冲进市场，创造更多类似的产品。也就会出现供过于求，那么价格就会下跌。这类竞争者很快会破产，因为人们会试图清除过剩库存。那么，价格越高，竞争者们进入市场的速度越快，生产的产品越多，最终的价格也会更便宜。

但持续且永无止境的改善就是诸多企业和个人可以实现超凡成功的原因。每一天我在每个方面都变得更加优秀。我学习得更多，晚上睡觉前的知识一定超出早晨起床时的知识。成功的个体总是在听音频课程，在阅读，在提升自己的技能。

我刚收到自己的商业伙伴发来的一条信息，他出城三天，去参加一个关于数字化营销的高端研讨会，我们在这个领域有很大的业务。他兴奋不已，一些全国最聪明的人将在研讨会上分享数字化营销的一些概念，帮助提升反应率、销售率以及重复购买率。他总是会去参加这些课程，他打造了全国最成功的数字网络营销企业之一。

这并非奇迹。持续且永无止境的改善，就是公司会不断进步、进步、再进步的原因，也是让他们的产品销售速度更快、质量更好、价格更实惠、更简单、更便捷的原因。如果你不断向前推进，持续寻找自我改善的方法，你将发现类似于 Spanx、脸书或微软的某个产品。你也将发现之前从未有人见过的东西。就因为你总是走在最前端，敢于冒险，不给自己留后路，总是在寻找改善、提高、进步的方法。

在某个特定的时候，如他们所说，如果上帝愿意，河水不会上涨，如果你足够幸运，你就能够克服一切大获成功。那就是人们在一代人的时间里从步履维艰变成了亿万富翁的方式。

第七章

# 让财富倍增的科学

一旦在经济上实现了一定程度的成功，你会想要寻找投资的途径，以便让自己在忙于职业道路上获取更大成功的同时，成倍增长自己的财富。但正如我们将要看到，许多人在投资时承受了太大的风险，犯这种错误的原因要么是消息不灵通、太贪婪，要么是太繁忙导致没有足够关注自己投资的领域以及投资的方式。

在本章中，博恩将教给你让财富翻倍的科学——已被证明在最长的时间内对最多的人群行之而有效的一些方法。一部分人并不认为让财富翻倍还存在什么科学，尤其是在任何投资都无法保证回报的情况下。然而，博恩将呈现给你，这个观点是错误的：投资并没有已被证明的行之有效的原则。不了解这些原则与方法，可能会让你损失大笔财富。

## 博恩

你生命的主要目标之一应当是实现财务独立。你必须设定这个目标：拥有足够的财富让自己永远都无需为金钱担忧。而好消息就是，在今天，要实现财务独立比以往任何时候都要更加简单。不考虑短期经济上的跌宕起伏，我们生活在整个人类历史上最富裕的时代中最富裕的国家里。比以往任何时候都要多的财与禄包围着我们。

我告诉过你，当我事业刚起步时，仅仅只有 100 万名百万富翁以及为数不多的亿万富翁。现在有了 1000 万名百万富翁和 2000 名亿万富翁。亿万富翁每一年以40或50位的速度增加，这可是一笔巨大的财富。十亿美元的财富凭空被创造出来了！

你的目标应该是全身心参与到许多人称作的人类黄金时代中去。

金钱自有其能量，很大程度上，金钱被善待金钱的人所吸引。金钱倾向于流向那些能用最有效的方式生产有价值的商品与服务的人们手中，以及那些能将其投资以创造就业和机会而惠利他人的人们手中。与此同时，金钱会远离那些不能充分利用它或者以无效的方式花费它的人们。你要做的，就是以正当的方式尽可能获取更多的金钱，接着利用这些金钱提升自己生活的质量以及你所关心之人的生活质量。

让我们谈一谈关于金钱的一些法则。首先是因果定律，该定律表达的是，有果必有因，凡事皆有因。这是人类命运的铁律。这条定律说的是，我们所生活的世界被定律所支配，并非被偶然性所主宰。万事皆有因，不论我们是否知道这个因的存在。每一个果，成功或失败，富裕或贫穷，都有一个特定的原因或多个原因。每一个因，或行为，都会产生一个果，这样或那样的后果，不论我们能否看见它，不论我们是否对它满意。

因果定律表达的是，所有的成就、所有的财富、幸福、繁荣与成功，均是特定原因或行为的直接或间接影响或结果。这就意味着，如果清楚自己想要的效果或结果，你就可能实现它。你可以研究已经实现了相同目标的其他人，通过效仿他们的做法，就可能获得同样的结果。

因果定律适用于金钱，也适用于其他所有问题。该定律认为，经济上的成功是果。就其本身而论，它因某些特定的原因而产生。当这些原因被明确，并且在生活和活动中得到实施，那么你将获得成千上万，甚至上百万其他人已经获取的相同成果。如果你能效仿在你之前的那些人们为了实现相同的成果而付出的行动，你就能够获取自己真正想要的任何数额的金钱。而如果你做不到，也就得不到。就这么简单。

你的终极财务目标应该是积累足够的资本，直至投资给你带去的回报超出自己的工资。这是你生活基本的目标。越早将其设定为目标、越早开始着手，就能越快实现它。

让我们接着讨论下一条法则，称作投资法则。投资法则的内容是，投资之前需调查。这是所有金钱法则之中最重要的一条。研究某项投资的时间，至少应当与你赚这些钱去投资的时间一致。永远不要急于让自己与金钱分离，因为赚这些钱你工作太辛苦，把它累积下来花费的时间也太长。

在做出任何投资承诺之前，将这项投资的每一方面研究透彻。对每一个细节要求给全面、完整的信息。对任何形式的任何投资均要求提供真实、准确、充足的信息。如果有任何疑问或误解，比起冒着满盘皆输的风险，可能最好还是把钱继续存在银行或者某个货币市场账户中。

投资法则的第一条推论，关于金钱唯一简单的事情就是失去金钱。要在充满竞争的市场上赚到钱困难重重，而失去这些钱却是你可以做的最简单的事情之一。一句日本谚语说的是，赚钱就像是用钉子挖洞，而赔钱就像是把水倒在沙子上。

投资法则的第二条推论来自白手起家的亿万大富豪马文·戴维斯，在《福布斯》杂志的一次采访中，他被问及其赚钱的法则。他说自己只有一条简单的原则，就是不要赔钱。他将其称作第一法则。如果存在赔钱的可能性，首先就不要把钱拿出来。这条原则太重要，你应该将其写下来，放在自己随处可见的位置。阅读这条法则，重复阅读，反复阅读。

将金钱看作你生命的一部分。为了创造特定数额的存款或投资资本，你必须用特定数量的时间来与之交换，几个小时、几周甚至几年的时间。那部分时间是不可替代的，是你宝贵生命的一部分，一旦失去则不可复得。如果你只是紧握手中的钱，而不是失去它，仅这一点就可以保证你在经济上可以得到保障。不要赔钱。

投资法则的第三条推论是，如果你认为自己可以输得起一点点，最终你会输得很惨。有些人的态度是这样的，他们认为自己拥有足够的金钱，因此可以输得起其中的一小部分。你记得那句老话吗，笨人难聚财。还有另外一句谚语是，当有经验之人遇上有钱之人最终得到经验，而有经验的人最终获得了金钱。

那么你总是要问自己，如果在预期的某个投资中损失了100%，你会怎么样？你能接受这个结果吗？如果答案是否定的，那么一开始就不要做此投资。

投资法则的第四条推论是，只与那些曾经用自己的钱成功投资的专家一起投资。你的目标是，仅仅与有过成功投资经验的人一起投资，你的风险则被大大地降低了。再说一次，不要赔钱。如果感受到了诱惑，重新回头来看这条法则，下定决心紧紧握住自己所拥有的东西。

只投资自己完全理解并相信的东西。只从那些按照他们自己的想法成功致富的人那里获取投资建议。顺便说一句，当市场下滑时，很多提供金融建议的人都已经破产、无家可归、处于失业状态、在麦当劳打工。销售成功金融产品或快速致富产品的很多人，他们除了通过把这些产品销售给那些毫无戒心、认为轻松赚钱是可能的人来赚钱之外，没有任何其他的经济来源。

接下来是复利法则。这条法则认为，谨慎投资，让自己的金钱在复利的基础上增长，这将最终让你致富。复利被认为是整个人类历史和经济学中伟大的奇迹之一。阿尔伯特·爱因斯坦将其描述成我们社会中，如果不是整个宇宙的话，最强大的力量。当你让金钱在复利的基础上积累足够长的一段时间，它增长的速度将超出你的想象。

你可以使用72法则来算出在特定利率下你的资本翻倍所需要的时间，只需简单地将72除以利率即可。举例来说，如果你的投资回报率是8%，72除以8，则会得到数字9，这就意味着在8%的利率下，你让自己的资本翻倍所需要的时间是9年。据估算，在公元元年以3%的利率投资1美元，到现如今，这1美元已经变成世界上一半的财富。如果允许这1美元不断增长、翻倍、再翻倍、不断翻倍，今天它将价值数十亿美元或数万亿美元。

那么复利法则的第一条推论则认为，复利的关键是把钱存下来，永远不去碰它。一旦开始攒钱并且这些钱不断增长，你必须永远不去碰这些钱，不以任何理由去消费它。一旦碰了这些钱，就失去了复利的力量，即使你今天消费的金额不过九牛一毛，你放弃的可能是将来巨大的一笔财富。

如果开始得足够早，持续投资的时间足够长，永远不动用这笔资金，只依赖复利的奇迹，它将让你变得富有。某个普通人，拿着一份普通的收入，每个月存下100美元，从21岁开始至65岁停止，这段时间复合利率是10%，他退休时的净资产将价值1118000美元。

开立一个定期每月投资账户，做出承诺，在接下来的5年、10年，甚至20年的时间里，每个月向这个账户里存入固定的金额。选择一家拥有共同基金和投资工具的公司，让你的钱月复一月、年复一年，长年累月地钱生钱。

接下来是积累定律，即每一项伟大的经济成就，均是任何人不曾看见或不曾理解的数百次微小努力和牺牲所积累下来的结果。要实现经济独立，你需要做出无数次微小的努力。为了开始这个积累的过程，你必须自律、坚持，必须积累很长一段时间。起初，你看不到多少变化或不同，但你的努力将逐渐结出果实。你将开始超越自己的同伴，财富状况开始提升，债务将消失不见，银行存款会增加，整个生活将得以改善。

积累定律的第一条推论是，随着积蓄的不断累积，你就培养出一种动量，让你更快地朝着自己的经济目标靠近。着手进行某个积累资本的计划并不容易，而一旦开始，你会发现，坚持变得越来越简单。动量原理是伟大的成功秘诀之一，该原理说的是，开始积累财富并且克服初始的惯性以及阻力需要巨大的能量，而一旦开始，保持继续运动需要的能量则越来越少。

积累定律的第二条推论是，一步跨过去可能很困难，但是一小步一小步地走，多远的路也能走完。当第一次开始思考将自己收入的10%或20%存下来时，你会立即想到所有不可能这么做的原因：你可能负债累累，可能将收入的每一分钱花完还只能维持温饱。

然而，即使你发现自己处于这种境地中，也仍然有解决方法。开始将收入的1%存入某个特殊账户中，拒绝去动用这笔钱。开始在每天傍晚回家时将你的零花钱放在一个大大的罐子中，当罐子装满时，把它拿到银行存入你的储蓄账户中。不论什么时候只要从销售中获得额外的收入——别人把很早之前借的钱还给你或者获得意外的奖金——不要花掉这笔收入，将其存入你的特殊账户中。这些微薄的数额将会开始积少成多，以让你惊喜的速度增加。一旦你逐渐习惯了节省1%的收入，就将其增加至2%、3%，接着是4%、5%，逐步递增。不出一年你会发现自己已经逐渐摆脱债务的困扰，将收入的10%、15%甚至20%节省下来也不会真正影响到你的生活方式。

接下来的一条金钱法则是磁性定律，它是指，你节省与积累的金钱越多，你就能将更多的金钱吸引到自己的生活中来。磁性定律，往往也被称作吸引力法则，一直以来都是整个历史上财富得以创造的首要原因。该法则可以解释生命中方方面面的诸多成功与失败，尤其在经济领域。金钱会朝着自身被爱惜与被尊重的地方移动。对待金钱的情感越积极，你将吸引更多的机会去获取甚至更多的财富。

将磁性定律运用到金钱领域时，它的第一条推论是，财富意识，会像磁铁吸引铁粉一样，吸引财富。这就是为什么，不论你的境况如何，开始攒钱会显得如此重要。就往存钱罐中放几枚硬币，开始存钱，哪怕是很少的钱。那一笔钱会被你的渴望和希望所磁化，会开始以超乎你想象的速度将更多的钱吸引到你的身边来。

磁性定律的第二个推论是，只有钱才能生钱。随着开始存钱，你就开始将更多的钱以及更多赚钱的机会吸引到你的生活中去。这就是为什么，即使钱很少，开始存钱也会如此重要。接着会发生的事情将让你惊讶不已。每一天、每一周、每个月都抽出时间反思自己的经济状况，寻找更明智的途径来安排自己的资产。

我们之前提到，白手起家的百万富翁们会更多地去思考如何积累财富，在这方面与穷人的比率是10∶1。他们每一周都会花时间来思考自己已经拥有的财富，如何合理安排这些资产，如何赚取更多财富，如何才能更好地去投资。你投入更多的时间去理智地思考自己的财务状况，你的决策会越明智，需要思考的财富也会更多。投入越多的时间去思考自己的积蓄和投资，你将更能将它们吸引到自己生活中来。

另一条法则被称作加速度加速法则，它是指，你朝财务自由前进的速度更快，它向你靠近的速度也会更快。你积累的财富越多，实现的成功越大，从多个不同角度看来，财富与成功向你靠近的速度看起来会更快。

每一个今天在经济上获取了成功的人，在获得第一个真正的机会之前，都有过拼命工作的经验，有时候这种状态持续多年。但那次机遇之后，更多的机会从四面八方向他们涌来。大部分成功人士面临的一个大问题是，要从似乎从四处涌来的机会中做出选择。你也将经历相同的过程。

看看那些在硅谷的公司，那些投资数百万美元，接着数千万美元，继而数亿美元的公司。他们投资脸书、谷歌和苹果这一类的公司，并从投资中获取了数亿美元、数十亿美元的回报。现在，机遇就像是从四面八方发源的河流向他们涌来，让他们投资到可以赚更多的钱的地方去。

彼得·林奇，历史上最成功的共有基金之一——富达麦哲伦基金——的前任经理人，他说过，自己曾参与的最成功的投资，是那些需要很长时间方能结出回报果实的投资。他往往会买入多年未曾增值的公司的股票，接着这家公司的股票会开始一飞冲天，价格暴涨 10 倍或 20 倍。这种挑选长线股票的策略，这种沃伦·巴菲特式的策略，最终让他成为了美国最成功、酬劳最高的资本经营者之一。

这也就让我们想到了股票市场法则。今天，某只股票的价值，是指该股票贴现到今天的预期总现金流。这意味着什么？它意味着每股股票代表着某家公司的一部分所有权，它给予了股票所有人承担该所有权的所有利益与风险的权利，包括利润、损失、股票上涨、价值下跌、管理的好与坏、对公司生产和销售的产品或服务需求的增加或降低。当购买一只股票时，你就成为了发生在该公司内所有事情的其中一位所有者。购买某只股票时，你是在投资特定数额的金钱，并且在打赌，这次投资的回报将超过自己在其他某个有保障的投资中所赚得的金额，例如债券或货币市场基金。

购买这种股票是赌博的一种形式，因为该公司的未来以及该股票的价值均是无法预测的。它们取决于无数的市场力量，如销售、竞争、技术变化、利率、管理质量、国际事件、天气以及诸多其他因素。

股票市场的第一个推论即牛市赚钱，熊市也赚钱，猪只能被宰。这就意味着股市上涨时那些大举投资的人会赚钱，股市下跌时，那些卖空以自保的人会赚钱，而那些试图在股市上大赚一笔的贪婪之人几乎往往都是在赔钱。

今天，当日交易者或闪电交易者，那些在一天或者有时候一小时之内完全进出市场的人，70%以上会赔钱，他们其中很多人血本无归。

第二条推论是，对美国股票市场的长线投资是实现长期经济保障的最佳方法。美股上交易的股票价值在过去 80 年以来平均增长了 11%。那么结果是，如果某个人在 20 岁时开始投资，每个月向某个年增长率为 10%的共有基金投资 100 美元，他退休时的净资产将超过 100 万美元。

第三条推论是，从长远来看，美元成本平均法将能让你变得富有。该推论表达的是，市场时机并不重要，对于你或对任何一个人而言，要持续低价买进高价卖出几乎是不可能的。购买正在销售有价值、受尊重的产品和服务的运营良好、实力雄厚的公司的股票，并且长期持有这些股票，始终会更好。这被称作价值投资，这是让股民们致富的方法所在。

第四条推论是，股票市场是由专业人员管理和制定的。这意味着每买入一只股票就代表着另外一个卖出同一只股票。买入该股票的人赌的是股票价格会涨，而卖出股票的人赌的是该股票价格下跌。每股股票的买入和卖出都是一场零和博弈，是人与人之间智慧和判断的对赌。

这类人大部分都是专家级别，每周投入五六十个小时的时间在炒股上，有时候几十年如一日。这就意味着最安全的做法是投资某个指数基金，它代表着该指数内所有股票，其上涨与下跌的基础是整个市场的平均趋势。最受欢迎的指数基金是标普 500 指数基金（Standard & Poor's 500)，尽管还有很多其他选择。多年来，标普 500 指数基金的表现已经持续优于 80%的专业管理公共基金。

接下来的投资法则是房地产法则，该法则是指，某处房产的价值是该资产未来的盈利能力。决定任何房产价值的，是从现在这一刻开始至以后，当该房产发挥其最高、最佳的用途时，它能够产生的收入。对特定的所有人而言，某处房产可能具备一定的情感价值，而其金钱价值直接与其未来的盈利能力相关。

有数十亿平方米的土地将永远不会具备任何价值，例如沙漠，未来它没有任何盈利能力。它无法被开发成为产生收益、提供住房或满足任何人类的特定需求的地产。许多大型城市广泛区域中房产的价值也正在下跌。例如，想想底特律，该城市的增长和发展已成过去式，可能将来也不会恢复。每一天，那里的男男女女都在以低于买入价的价格在销售自己的房子和地产，或者因为抵押品赎回权被取消而导致自己失去这些地产，因为这些地产的盈利能力、租金回报降低了，因此其价值也下跌了。

房地产法则的第一条推论是，买入地产时候你赚钱了，而卖出地产时你才能意识到自己赚钱了。正是以合适的价格、合适的条件买入某一处地产才能使你在销售该地产时赚取到利润。许多人认为，不论自己当初以何种方式或何种价格购买的房产，只要销售，就能赚到属于自己的那部分，这其实是本末倒置。对某处房产调查得越仔细，购买提议准备得越彻底，你将更可能使你之后卖出该地产时实现盈利。

房地产法则的第二条推论是，房地产选择的三个关键：位置，位置，还是位置。每一处房产都是独一无二的，因为地球表面上不可能存在完全相同的第二处房产。你能在某个优越的位置选择一处房产的能力，对该房产未来的盈利能力所产生的影响将超过几乎其他任何你所做出的决策。

房地产法则的第三条推论是，房地产的价值很大程度上取决于地产所处区域内的整体经济活动和就业岗位的数量以及工资水平的高低。这一点，在你选择一个小区或社区进行投资时，至关重要。一般来说，地产价值增长的速度是人口增长率的 3 倍，通货膨胀率的 2 倍。当你在一个快速发展的区域内购买了地产，你就真正意义上确保了该房产价值的增长速度会高于平均水平。

例如，今天在圣克拉拉（美国加利福尼亚州西部城市）以及硅谷周边，由于就业与高科技，也就是高薪行业经历了令人难以置信的扩张，房地产的价值，相比几年前而言，增加了5倍、10倍。影响任何区域内房地产价值的最重要的因素是，周围区域内新企业创办的水平和经济增长的水平。今天就要做出决定，以投资为目的购买一处房产。学习房地产投资的唯一途径就是，真正成为某处房产的所有人，并且将你的知识与技能投入使用，来增加该房产的价值。

从前有一位男士，名为伯纳德·巴鲁克，20世纪初，他以股票市场送信人的身份开始，在股票经纪人之间往返传递订单。但与此同时，他的朋友们大部分都在四处游玩。他会问自己所传送的购买订单或销售订单的接收者，为什么他们会做出这样的决定。久而久之，他对是什么决定了一个良好的股票市场投资，有了一种感觉，于是开始每周投资1美元。

不出几年，他成了美国首富之一。他曾是6位总统的顾问，出版了书籍与文章。在生命的尽头，他总结了他自己称作的成功投资十规则，我会复述这些规则作为本节的结尾。

规则一，非职业，不投机。记住，你所做出的每一个决策都是在与其他某个人的决策对赌，而这个人每周投入40、50、60个小时在研究股市，正如我已经提到的。

规则二，提防带来内幕消息或建议的任何人。股市中赔钱的首个原因，就是按照实际上不知道自己在说什么的人的意见去行动，例如出租车司机、调酒师、理发师，甚至工作中的密友。

规则三，购买证券之前，尽可能找到有关该公司的所有信息，公司的管理团队以及竞争者、收益以及增长的可能性。有耐心、能自律、保持客观、不带感情。正如我们曾说的，投资之前，先投入时间做尽职调研。

规则四，不要试图最低价买入、最高价卖出。这是无法实现的，只有撒谎的人可以做到。当你购买一支股票时，决定好自己的卖出价，当股票涨到该价格时，不要贪婪。今天有了电脑程序和计算机交易，你可以设定某只股票的卖出价，当该股票达到设定价格时，就会自动卖出。只有获利，你才永远不会破产。

规则五，学习如何快速、干净利落地止损。不要期待一直都是对的。如果已经犯下某个错误，并且你发现这只股票正在下跌，将其卖出，尽快减少损失。

规则六，不要购买太多种类的证券。比起拥有太多种类的投资，最好只持有少量投资种类，以便照看。投资多元化将扩大风险，但如果你的某只股票价值激增，这也可能让你失去大赚一笔的机会。这是适用于股民的规则，并不适用于普通人，对于后者而言，购买指数基金并一直持有该基金，能更好地改善他们的经济状况。

规则七，定期评估自己所有的投资，看看不断变化的发展状况是否已经让投资的前景发生了改变。使用零基础思考方法，在自己获得新信息时总是要问自己，“如果我没有买这只股票或这项投资，鉴于我现在所知道的，今天我会再次购买它吗？”如果答案是否定的，这就是在提示你，要将其卖出。

规则八，研究自己的纳税情况以了解自己何时卖出可获得最大优势。小心那些适用于你所做交易的资本收益税。记住，唯一重要的，是你的税后所得。把握好在股票市场买卖的时机以创造资本收益和资本损失，这一点你应当一清二楚。

规则九，总是保持充足的现金储备。永远不要将自己的资本全部投资出去。如果能随时准备好现金缓冲，你就也有可能利用到意料之外的机遇。不论市场如何风起云涌，你也要准备紧急备用金以作缓冲。

规则十，不要试图成为所有投资领域的万事通。坚守自己了解最清楚的行业。沃伦·巴菲特说过同样的话。他从未投资过任何网络或互联网公司的股票，他说，“因为我就是无法理解这类公司，或者他们估价的方式。”而当其他所有人由于网络科技泡沫破裂而输得狼狈不堪时，他从来没有赔过钱。最成功的投资人往往是那些挑选某个特定行业，并专心致志去了解该行业内的公司的人们。选择你感兴趣的某个行业，你将能享受坚持下去的这个过程。

记住，投资成功的关键在于投资之前充分调研。谨慎投资，收集自己所需要的所有信息。如果想成为主动型投资人，你就得时刻看好自己的资金。如果没有这样的想法，最好还是购买管理成本低、随着市场行情而上涨的指数基金。你可以将其放置一旁，晚上安心睡觉，永远都无需担忧。

第八章

# 财富保障的科学

实现了经济上的成功，获得了一定程度的财富之后，你要做的远不止于此。金钱学的方法要求你设置各种形式的财富保障，不至于让你多年来创造的财富一夜间消失。

这种方式犹如埃及的金字塔。你希望自己的经济结构坚固无比，任何东西、任何形式的金融风暴，你自己引起的风暴或国家经济的风暴，都丝毫无法撼动你的经济基础。这一章节会教给你，要修建自己的经济金字塔，你所需要采取的步骤。

## 丹

博恩，在本章节开始时，首先请你谈一谈，你生活中亏钱的亲身经历，不论是损失某位大客户、生意上被人起诉、或在股市遭受巨大打击。从这些经验中你学到了什么样的教训？这些经验又是如何让你真正意识到一个合理财富保障计划的重要性？

## 博恩

我这一生大部分时间都在追求实现经济独立。接着你会患上无人可挡综合征，这十分常见，这也是后来生活中人们误入歧途的主要原因。

我们一生大部分时间都在提升自己的技能与能力，创业、积累财富。接着在后来的生活中，我们可能会犯下一系列的错误。其中最严重的错误就是患上无人可挡综合征。通过在自己所处行业内长时间保持出类拔萃的状态，我们实现了大量的财富。我们于是认为，“我这么优秀，可以将自己的知识、能力、技能以及信心转移至一些其他行业中，并且在这个行业里，我也能做得一样好。”

早在2000年时，当房地产市场快速发展时，有些人找到我，说，“在这些快速发展的区域中修建自用型仓库将会带来巨大的机会，因为它们会像春天中的雨桶一样，迅速被装满，创造极其高的现金流，价值得以增长，一切都会顺风顺水。”

所以我说，“当然，为什么不会呢？听起来很不错。”他已经准备好了漂亮的合同，做了很多工作，将一些金融方案整合到一起。听起来非常诱人，于是我开始投资。起初是一点点，接着投入越来越多，直到大约2000万美元全部被投入自用型仓库中。这不全是我自己的钱，但却以我所有的投资作为杠杆。

后来发现，他之前从未从事过这个行当，并且他向我呈现的那些数据都不真实。他们忽略了利息，忽略了大量的基本费用，这些费用当时的我根本无法意识到，因为这不是我的专长领域。最后我不得不自己完成那些自用型仓库，以巨额的亏损为代价将它们卖出去，损失了一大笔钱。

财富保障中我最喜欢的字眼是：尽职调查。这意味着仔细调查某个投资的每一个细节。反复确认，请专家看看，与会计师、银行家沟通，与行业内的人士沟通。彻底了解与你一起做生意的那些人，听取外部的意见。如果我当时做了哪怕一丁点儿的调查，我也能拯救自己，不仅仅为自己省下大量的时间，还可能不至于损失需要很长一段时间才能积累下来的大量财富。

一旦你获得了财富，如果想要保住你的财富，如果想要保护你的财富，如何利用它们，一定要慎之又慎。

最佳的方法是与专家一起投资。某一天我正与一名从事财富管理的男士聊天，他在为净资产为2500万美元或以上的家族工作。这些家族将自己所有的投资转交给他以及他的公司，而他照看好他们财务生活的每一个方面，从银行账户至信用卡，房产按揭、储蓄账户至房屋净值贷款。以及，当然，还有投资。由于他和他的公司经验如此丰富，在投资上他们实现了10%至20%的年回报率。而且因为他的客户能够请得起他，所以变得越来越富有。往往他收取总金额的1%作为整个管理费用。

如果总金额增加或者投资上涨，那就是总金额的1%。他们创造非常高的回报率，是普通人无法企及的。普通人必须意识到，关于财富，最容易的一点就是失去它。如果你要积累财富，那么到了人生某个特定的时候，可能在50岁时，你就不得不放缓速度。

年轻时，你可能会承受巨大的风险，你会真正努力拼搏，闯劲十足，但到了50岁的年纪，你就开始稍微放慢速度，开始变得更加谨慎、更加小心。且你要记得一个法则：不要赔钱。如果存在哪怕最小的赔钱的可能性，你也要停下来问自己，“等一等，我输得起这所有的钱吗？”如果答案是输不起，就不要去做。

## 丹

你是否发现，随着你变得更加成功，不论是在经济上或其他方面，你就越容易成为诉讼的目标、交易失败的罪魁祸首等等？是这样吗？为什么会如此？

## 博恩

当下，在美国我们遇到的一个问题是，我们的律师太多，而他们可以做的事情太少。那么就会有一些律师走出门去，试图通过起诉别人来找事儿做。我称其为二手车销售律师、垃圾律师、捡漏律师。

因为律师在国会和州立法机构中具备强大的影响力，他们已经通过了法律，让自己在完全没有基础的情况下也可以提起诉讼。那么规则就是，如果你有钱，你就会被告。我的一位朋友，颇为富有，他说，“如果你有钱，你就要被告4次。”你需要做的就只是深吸一口气，认识到，如果自己有什么会被追究的事情，这些律师们将为了佣金对你穷追不舍。

我还发现了一个现象：如果某人向你提出诉讼，你必须为自己辩护，这可能花费75000美元或10万美元，但是如果你被告上法庭，你必须辩护，不然他们会对你做出即决审判，你定会100%有罪。如果你想抗争一下，就不得不宣誓取证、聘请律师，不得不传唤并且审问目击证人，你将不得不做一大堆事情，都是这整个过程的一部分。

如果这些你都不做，你就无法进行充足的自我辩护。某个人支付250美元就可以向你提起诉讼。我就有过各种被起诉的经历，因为他们可以。事情基本上完全是欺诈行为，但是律师们太过饥渴。我曾经发现这么一名律师，如果想控告某人，你就可以去找他。他准备了一个标准模板，在上面写下原告的名字，你的名字在页面顶端，他的名字在底部，花250美元就可以呈请将其备案。之后你就必须聘请一位律师，为自己辩护。

几年前我从某个极其成功的人身上学到了这一点：他说，“将你所有的资产放入某个家庭有限信托中，将它设置为属于你整个家庭所有，但你对整个资产拥有全部的管理权。”你要将自己的资产放置于某个别人无法触碰的地方。如果你的资产放在了家庭有限信托中，某个人试图控告你，律师首先就会看你拥有多少资产。如果发现你的资产全部在某个家庭有限信托中，他们会自动走开，因为他们知道自己动不了这些钱。

假设他们对你做出100万美元的裁定。如果你管理的是一个家庭有限信托，你可以对他们说，“好的，你已经拿到了判决书。但我可以决定偿付这笔钱的方式。通过该家庭有限信托中多数投票决定，我们将按照每年10美元的方式向你支付这笔钱，直至全部还清。”他们知道你可以这么做，所以根本就不会去起诉你，只会默默走开。这是个很好的策略，因为我们生活在一个如此钟爱打官司的社会中，还因为有太多的律师为了任何形式的收入都可以不顾一切。只要认为能够把你扳倒，他们会用任何理由来起诉你。

保护自己至关重要，将资产放入一些信托基金、家庭有限信托中，也至关重要。你的律师和会计师会告诉你如何去做。

## 丹

保护自己、保护家庭有诸多工具。我们先谈一谈其中的几种。首先就是保险。每个人都应该购买何种保险？购买这类保险时应该遵循哪些基本规则？例如，人寿保险。研究显示，对大多数人而言，相比终身人寿保险，定期人寿保险通常是最好的。也请谈一谈你对汽车保险、房屋保险，甚至残疾保险的观点。今天许多人都在说，随着人的寿命越来越长，你应该考虑购买老年护理保险。你同意吗？

## 博恩

我认为在整个职业生涯中，你都应该购买人寿保险。你应该投保定期人寿保险，用自己可支付的最低金额购买最高保险额度。不应该选择终身或任何累积形式的保险，因为其中存在他们称作的强制储蓄。一个终身人寿保险头 3 至 5 年的保费，大部分是保险经纪的直接佣金。

今天大部分人会使用这样一个说法“购买定期险并投资差额保费”。如果你购买固定到期的保险，并将其余原本自己预备买保险的资金投资到某个指数基金中去，那么你能获得更高的回报，收益将会大大增加。

但是你应该购买足够的保险来保护自己的家庭，以防自己发生任何事情。我的一位好朋友，很不错的一位保险经纪人，他说过，人寿保险的目的是为你的梦想保驾护航。如果你的梦想是，即使自己发生任何不测，你的配偶都能够丰衣足食，孩子们能够继续上学，那么你要购买足够的保险来保护这个梦想。

你要计算出，万一你发生不测，你的配偶在余下的这一辈子中会需要多少抚养费用。大部分男士都抱有类似的想法，但我的朋友说，这一生当中，你的目的就是要达到不再需要人寿保险的水平，因为你积攒了足够的积蓄，足以保护她。

随着年龄的增长，保险的成本变得太过离谱。如果你购买 100 万美元价值的人寿保险，保到自己 70 岁，可能现在你需要每年缴纳 50 万美元。这样的成本太过昂贵，根本不合理。你要做的就是积累下足够的资本，存下来，不去动用它。它不能被债权人拿走，不能受到法律诉讼的影响，不能因为任何原因而被动用，这样你才能支撑自己的梦想。

**丹**

你如何看待残疾保险？

**博恩**

对于残疾保险，我没有任何偏好。保险公司热衷于销售这种保险，因为保险经纪人佣金很高。但是我认为，如果你能够投保合适的保险，通过购买医疗保险和一般统保，应该可以覆盖残疾这一方面。

对于这个内容我确实不甚了解。我只知道，人寿保险的保险经纪会非常积极地推销残疾保险，因为对于他们自己而言，这是利润极高的一个险种。尤其是在购买终身人寿保险的人越来越少的情况下——几乎每个人买的都是定期人寿保险——而且定期人寿保险的佣金非常之低。

**丹**

博恩，你对为我们自己进入老年提前准备，购买老年护理保险有什么样的看法？

## 博恩

这可能是一个不错的想法，原因有二。你的孩子将来有可能无法照顾你。如果你能确保余生自己都可以住在一个不错的老年护理机构中，那购买老年护理保险是非常明智的做法。越早投保，当然，你就能获得更高的回报率，因为长期老年护理保险的基础，就是他们对你进入某个长期护理机构后生命长度的预判。毕竟，保险公司的目的是盈利。因此要对其进行细致的调查。仔细阅读保险内容，从你敬重之人那里获取意见。投资顾问以及好的保险经纪人都会告诉你，哪种适合你，哪种不适合。

这与残疾保险类似。有一些政策保险免赔额度很低，但非常昂贵。有些保险政策免赔额度很高，价钱却低很多。就像是汽车的碰撞险。如果免赔额度是 1000 美元，保险成本将远远低于免赔金额是 250 美元或 500 美元的保险。

这些东西都是任何一位优秀的保险经纪人可以指导你了解的。我之前说过，28 年来我都有一位十分优秀的保险经纪人，他会查看每一个保险需求和建议，并且从我们的角度对其进行判断——根据我们独特的情况，最好的选择是什么。这就像是决定自己需要服用何种维生素，需要哪种运动方式。这在很大程度上基于你和你的个人情况：性别、当下的收入、已有的积蓄。这方面的专家可以帮助你理清所有这些因素，解决保险选择问题。

## 丹

另外一个保护自己、保护家人的方式是立遗嘱。请讨论该方法的重要性。

## 博恩

提前立下遗嘱十分重要。我妻子与我就立下了一份遗嘱。我们立遗嘱已经有一段时间，只是后来遗嘱执行人变更、孩子们长大、搬走、结婚生子，生活发生了变化。我们想要确定自己的财务状况能简单化。于是直接登录了LegalZoom网站，下载了一份非常简单的遗嘱模板，只涉及我们两人。我们把空格填满，复印后给了我们的会计师和年长的孩子们，所以我们的遗嘱简单、干净、清晰，丝毫都不复杂。

现在假设我们想要立下更详细的一份遗嘱。我们会去找地产律师，请律师带领我们避开一些意想不到的波折，因为地产法律总是变来变去。政府会插手进来，拿走你的累计净资产的50%以上。除非你能有所防备，在产权还未处置或进行其他处理之前，他们就可以将价值夺走。你需要一名律师来保护你自己免受隐蔽税的损害，这名律师应该了解最新的法律条款，毫不夸张地说，几乎应该了解到当月的最新法律条款。

你最不希望看到的是，某处地产摧毁了自己的家庭。他们说，没有什么比处置一处地产更能拆散一个家庭的。我自己身边、我所认识的人之中就发生过这类事情，子女们在父母一方离世并留下一笔钱之前，都能够相处融洽。后来不得不分配这一笔钱。那些子女——现在均已长大，30岁、40岁、50岁——就像狗为了争夺几块肉一样反目成仇。整个家庭因此分崩离析。

父母一方能做的，就是对此慎之又慎。我母亲去世前，将自己所拥有的每个物品整理起来，每一个家具、每一件首饰、每一尊瓷器、每一项艺术品，计算这些东西的价值。接着在自己四个孩子中进行分配。她选择了我的三弟作为遗嘱执行人，他的职业是律师。

母亲去世时，我们兄弟姐妹几个坐下来对遗嘱进行了裁定。每一件东西都分配了，以书面形式或以实物形式。那么每一个成人的孩子可以与对方进行交换或兑换。我们几个兄弟姐妹这一辈子对此从未有过任何争执或不满，因为我们的母亲将事情彻底考虑周全了。

她并不希望家人为任何原因而争执。对于父母亲的你而言，这样做十分重要。你应当在 60 岁或 65 岁时开始立下遗嘱。飞机可能会跌入山中，车子可能会发生车祸，你应该确保自己所积累下来的任何东西都已仔细分配好，来保护自己的家庭。

另外一个在当下越来越火热的话题，被称作临终讨论。一旦年龄达到了 65 岁或 70 岁，你就应该公开讨论死亡这个话题——你的孩子们不会喜欢这个话题，他们不愿意想到你会死去。但是你应该直接公开说出来，“我们不会永远陪伴你们，那么如果我、你们父亲或母亲、我们两个人发生了什么事情，你们可能需要考虑这样一些事情。”

将这个话题打开，大家不会对它三缄其口，不需要对此蹑手蹑脚、小心翼翼。它就是一个公开的话题，是生命中正常、自然的一部分。接着，甚至不需要临终讨论，他们会问，正如我的孩子们问我一样，“当你去世时，我可以拿这个吗？我可以要那个吗？”

原来，有个女儿想要某件对她极其重要的东西；儿子想要另外一个物件；另外一个孩子则想要其他无法移动的一些东西。公开把这些事情说出来是一些很好的事情。知道自己为家人提供了所有这些东西，这能给你带去一种巨大的平和感和欣慰感。

## 丹

对于职员而言，可能最重要的就是保障他们的收入会源源不断。为了确保收入不被切断，职员们最应该做什么事情？如果收入来源被切断，他们应该做什么才不至于自己在经济上被摧毁。

## 博恩

除了通过提早开始存下相当于 2 至 6 个月以上的工资，我不知道某位正在赚钱谋生却因为任何原因失去手头工作的职员还可以如何保护自己免受损失那部分收入所带来的影响。

没有任何保险政策，没有哪条公司政策，没有其他任何方法可以保障这一点，除非你承担自己的责任并对自己说，“如果有任何意外发生，如果我在某一段时间无法工作，那我必须存下一定数量的存款以作预防，存钱的时间越长越好。”有一种形式的残疾保险，是指你可以获得收入损失险。你可以说，“我每个月需要几千美元的收入。”你可以购买该特定数额的险类，以防自己失去工作。然而6至12个月内，保险是不会支付你任何费用的，他们根本没有想法将钱还给你。你必须是已经残疾、无法工作、失业或由于其他原因而无法工作达到很长一段时间，他们最终才会开始向你支付这些保险金。从统计学上说，他们知道，早在这之前你可能已经重新开始工作了。

## 丹

对于企业主而言，公司成立的不同形式是什么，如独资、有限责任公司、S类企业公司等等？这几种不同的形式可以提供哪些不同形式的保障？一个人开始创业时，应该如何选择？你是否有其他的方法可以让企业主保护自己的财富？

## 博恩

你或者我就可以在此成立一个独资经营公司。我们可以以自己的名字来命名这家公司，就可以开始了。一家独资经营公司意味着，我们投资到该公司的任何东西，我们从中获取的任何东西均可以征税。就像是一个完全的税收穿透企业形式。

S类企业公司同理。然而，你可以成立一家S类企业公司并以此借款，你可以向银行贷款。你可以聘请员工、租赁办公室——运营的方式与大公司如出一辙，而S类企业公司的所有净收益每年都会收入企业主囊中。我就有一个S类企业公司。

如果你拥有该公司一半的所有权，另外两人各持25%，公司收益为10万美元，这部分钱是自动穿透至你的应征税收入中，你必须对此缴纳税费。

C类公司则不同。C类公司可以以公司形式产生收益，但你必须缴纳公司税。假设你的公司收益为10万美元，美国是发达国家中公司税最高的，即39.5%。你必须缴纳收益的39.5%作为税费，余下60500美元为公司所得。

如果你将这部分盈利作为红利分给各股东，那么他们就必须各自缴纳个人所得税。在加利福尼亚州，所有税费加起来大概是63%。然而，你也可以将收益放在公司，这也是一些大公司，类似于苹果公司的做法。他们支付公司税，而在银行账户中有了2亿美元的现金，他们可以拿这笔钱做任何想做的事情。

如果你想出售股份的话，C类公司是一个不错的选择。你将会有大量的股东，将会有投资人与你一同投资获取该公司的一部分所有权。你也会希望这些股票增值。C类公司对于大型企业来说是不错的。

C类公司的挑战是，如果投资了该公司并且有所损失，你不能抵扣税费。但如果你投资一家独资公司或有限责任公司或S类公司，这部分钱可以作为损失抵扣。政府允许扣除你在预期盈利上的花费，除非这笔钱是投资到一家C类公司。如果该C类公司破产，那么你就损失了所有投资的钱并且无法抵扣。有限责任公司与独资公司或S类公司类似，即两个或三个或更多的人形成合伙关系，各自投资购买一处资产，但所有的收入可以作为投资取出，并且所有收益是穿透性的，必须缴纳税费。

## 丹

博恩，如果我要创业，那么在这三种不同公司形式中，我该作何选择——独资、有限责任公司和S类公司。他们可以提供哪些不同的法律保障？

## 博恩

我并不认为这其中真正存在什么巨大的差异，实际上是一些细微的差异。有限责任公司积累资本的方式有些微妙，但独资公司往往是独立个体自负盈亏，但我并不认为这其中存在真正的税务优劣之说。今天在我们这个系统中，要避免是难上加难。政府制定了84000页密密麻麻的税收细则，对你每一次行动征税。

再重复一次，唯一真正不同的是C类公司，对这类公司的投资可能无法取回，投资可能会全部损失。但如果你投资另外三种公司，投资的资金可以被视为经营成本，作为目前收入的损失来进行抵扣。

第九章

# 金钱与幸福的科学

如果不讨论金钱与幸福这个颇具争议的话题，此次我们的综述就不是完整的。毕竟，如果不能让自己成为开心、充实的人，那么收入高、财富多又有何用？在本章中，博恩将讨论关于这个话题的一些违反常理的研究。他也会告诉你如何确保自己的幸福程度可以随着银行存款的增加而提升。

## 丹

博恩，让我们先大致描述金钱与幸福之间的关系。首先请就最新的研究进行讨论：研究显示大概在中产阶级水平——家庭总收入平均每年5万美元——以下的范围内，钱越多，越幸福。而超过这个水平，额外的金钱与幸福感的增加这之间的关联度却不大。你对这些数据作何看法？它们与你个人从低收入人群华丽转身成为富豪的经验一致吗？

## 博恩

有一项伟大的发现，这个发现与人们如何将自己与他人比较有关。除非与同一群体内其他人相比较，否则不存在贫富之说。

哈佛的利昂·费斯廷格称其为社会比较理论。我们会观察周围的人，将自己与之比较。有人最近刚结束了一项试验，他们选择性给一些来自于贫穷小乡村的人们很大一笔钱。现在这些人比自己的邻居们都要富有，这立即让这些邻居们心生嫉妒与憎恶。一直与自己处于同一水平的人突然比自己拥有更多的金钱，能够购买更好的物品，实现稍微更高的生活标准。这让其他人愤怒不已。但久而久之，这种愤怒减弱了，情绪也逐渐回归平静。

研究人员还发现，当人们积累了更多财富时，他们会将自己往上比。我记得，早在20世纪60年代，即我刚开始工作的时候，自己的最初目标是实现10万美元的突破。如果有了10万美元——当然，这笔钱在当时的价值比现在更高——我认为自己真正成功了。后来我开始遇到身价更高的一些人，我自己也进入了投资销售领域。人们手拿10万美元、25万美元与我一起投资，而投资的基金价值数百万美元。

接着我开始意识到，还有一些人住在百万豪宅中、拿着百万美元的收入。随着时间的过去，我不知不觉地开始提升自己的标准、提升自己的梦想。我观察收入比我更高的那些人。你眼睛要盯着那些稍微领先你的人，将自己与他们比较，你会变得不满足。但我不会去比较类似于沃伦·巴菲特这些收入几十亿美元的巨富。

所以我们向上比。当人们实现自己的首个百万美元时，他们是开心的，但接着他们会开始想200万美元。他们开始仰望那些身价200万美元的人。当你获得200万美元时，你会看向那些拥有500万美元的人。而当坐拥500万美元时，你又会盯上1000万美元。当实现了1000万美元时，你又会去比较那些实现了2000万美元的人。

人们总是力争向上，而这确实是十分健康的一种态度，我称其为神之不满。你在奋斗。心理学家发现，你的幸福水平或满意程度，与你人生这个阶段中自己所在的位置，与你认为自己应该达到的位置，或期待达到的位置之间的距离直接相关。

有趣的是，48至52岁这个年龄阶段是自杀率最高的年龄段之一，且大部分是男性。这是因为他们意识到自己永远都不可能实现那些伟大的经济目标，他们不可能成为百万富翁，不可能成为企业家，不可能成为某些公司的董事长。不论因为何种原因他们意识到了自己的那些梦想已经破灭，于是由于极度的失望，就在某一天回到家中，拿枪结束了自己的生命。他们欺骗自己多年，让自己相信奇迹即将发生，一夜之间他们就会突飞猛进。

这是彩票的哲学：我这一辈子可以犯下无数错误，但一张彩票就可以拯救我，让我一辈子不用工作、不用提升自己的技能、不用早到公司、不用把工作做好。不论如何，我终将被拯救。

这在拉斯维加斯也同样如此。去拉斯维加斯的穷人数量之多，令人乍舌，他们赌上了自己吃饭的钱，相信无论如何决胜的牌会出现、赌盘会转到自己想要的数字、老虎机会吐出钱来，而他们将能够弥补这么多年来的懒惰。

另外要记住的一件事情是，金钱本身无法让你开心。让你感到开心的是，工作上有所成就、有能力获取特定数额的收入、可以为家人提供丰衣足食的生活的这些感觉，是这些感觉让你开心。这是一种认为自己的潜能得到了更大发挥的感觉，而这种感觉是可以衡量的。金钱这个衡量的标准则是你可以亲眼看到的。

富人会认为，达到某种程度之前，金钱不过是对你支付生活成本及满足类似需求的能力的衡量方式。你会为了金钱而努力奋斗。但超出该程度后，你要试图通过尽可能降低税费、通过保护手中的金钱、通过存钱、通过做尽职调查，尽可能多地守住自己的财富。但让你开心的不是金钱本身，它不过是一种衡量方式。

你可以确定地说，沃伦·巴菲特不是为了钱在工作。他是为了工作中所获得的那份愉悦感。金钱只是对他工作质量好坏的一种简单衡量工具。如果你是一名投资顾问，金钱就是非常好的衡量方式——你向客户提供的服务究竟有多好——因为金钱表明了你的工作做得怎么样。

所以说，金钱变成了一种衡量标准，我们根据该标准对自己进行评判。

**丹**

**从你的经验来看，大部分人对金钱、财富与幸福之间的关**

系，最大的误解是什么？

## 博恩

亚伯拉罕·林肯说过，人的幸福程度是由自己决定的。每个人都具备特定的幸福水平，这几乎就像是设定在特定水平的恒温器，而他们会不断回归到这一幸福水平上。

如果某人中了彩票，他的幸福水平可能在一段时间内飙升，但接着会恢复原状。大部分购买彩票的人对自己的生活并不满意，所以才会去购买彩票。如果中奖，他们会因为这笔钱狂喜一段时间。而这笔钱大概会在2年内被花光，接下来他们又只是一如既往地悲惨下去。中奖并不能改变他们的生活。

其他人的生活开心幸福，假设他们在一次事故中失去了双腿。他们会经历失去双腿、不得不在轮椅中度过余生所带来的创伤。但，6个月至12个月之后，他们又找回事故之前开心的自己，再次乐观起来。人们拥有一个自动的幸福水平，如果你愿意这么说的话，他们会持续回归到这种状态中。

目的是修炼自己，提升这个自动的水平，好让自己大部分时间基本都是开心的。这就需要设定目标、努力工作、提升自己工作的技能、良好的人际关系、健康的身体以及很多其他因素。

重要的是你的决定，而决定又与你的养育方式、自尊水平、自我概念有很大的关系。它与短期内很多无法控制、从长期而言却可以控制的事情相关。你可以修炼自己的品格，可以提升自信和自尊。

但总体而言，人们的幸福水平是一定的。我看了看自己的孩子。他们成长期间并未遭受任何责难，他们拥有高度的自尊，父母给予了他们诸多的赞美和鼓励，以及持续的肯定。不论何时见到他们，他们都是开心幸福的。无论何时、何地，不论处于何种情况下，不论承受多大的压力，他们基本都是快乐的、自信的、开朗的，也就意味着他们的养育方式确实真正会对他们产生影响。

现在，如果人们已适应了特定的生活标准，而收入降低使他们无法继续维持此种生活标准，这可能让他们真正黯然伤神。他们认为自己应该到达的位置与自己实际可以达到的位置之间的差距给他们带去愤怒与沮丧。

然而情况是：每个人对自己的收入水平都有一个自我概念。如果收入比自我概念中的收入水平要超出10%，他们会染上我们称作的一次性行为。他们开始拿钱去赌博、去消费、去度假，总之以某种方式把那部分钱花掉。如果收入比自我概念中的收入水平低10%，他们会竭力争取达到该水平。他们会开始更努力地工作、延长工作时间、提升自己的技能，以重回那个舒适区。

另外一点是，人们根据自己喜欢的获得金钱的方式来选择工作和职业。人们获得金钱主要有两种方式。一种是稳定、可靠、持续的方式——周薪、双周薪、月薪等等。如果你喜欢安全、有保障、稳定的固定收入，没有惊喜、不出意外，那么你会寻找能用这种方式支付你工资的工作。这是今天大部分工作之人获得收入的方式。他们更倾向于有一个稳定、可靠的收入，而不是波动较大的收入。

另外一种方式是大笔大笔地来钱，也是企业家们赚钱的方式。企业家们投入6个月或7个月的时间达成某项协议、开办一项业务、转亏为盈。他们的收入大幅度增加，对此他们也颇为开心。

在汤姆·斯坦利的《富裕社会》一书中，他说道，接触富人的时机应该当他们收入激增时。如果你销售的是金融服务、资产或房地产，那么在淡季，也就是他们生意下滑时，与他们沟通是没有意义的。如果你在他们收入增加时询问他们，他们会说，“我在今年最后3个月内赚到了所有的钱，”1月就是你应当与他们沟通的时间。这个时候他们手中的现金、银行的存款处于最高点，这个时候他们对投资、购买、购置某些东西保持着最开放的态度。

那么，“你喜欢以何种方式获得收入”这是一个很好的问题。另外一点则是你的梦想。如果生于一个富裕的家庭，那么你的梦想将是成年之后能获得相同水平的收入，而这一想法早已设定在你的思维中。你的思维已被设定好要去努力奋斗、提升技能、工作更加勤奋，永不满足一种低于自己成长过程享受到的生活水平的生活标准。这就是为什么许多来自于企业家家庭的后代都成为了企业家，创办了属于自己的企业。那就是他们的世界观，是他们的自我概念。

## 丹

我认为，正是厄尔·南丁格尔说过，变得富有并不能缓解你的问题，你仍然需要面对一系列新的问题。那么考虑到这一点，很显然财富也会带来一些挑战或障碍，如果未能控制好，它也将导致不幸或者甚至绝望。请谈论一些你研究过的，或亲身经历过的属于这类型的障碍，以及人们要避免或解决这类障碍的方法。现在我想到的一些是：空余时间减少、陪伴家人的时间减少、离婚率升高——尤其是企业家——由于财产的增加导致压力或复杂度的加深、更多的责任，等等。

## 博恩

亚伯拉罕·马斯洛，伟大的心理学家，他曾经说过，我们有两种需求。一种是匮乏性需求，即我们努力弥补所有的匮乏——安全感、保障、归属感的缺乏。他说我们也有存在性需求，即我们努力发挥自己的潜能，这与自尊与自我实现相关。

他说，98%的人有匮乏性需求。这些人试图弥补自卑感、失败感、挫败感、幸福缺失感等感觉。他们认为，如果自己实现了经济上的富有，这将弥补他们内心痛苦、愤怒的不安全感，而当结果并非如此时，他们往往深感震惊。

几年前我开始教一个观点，这个观点总结成一句非常简单的话就是：快乐并非从物质当中获取的。所有的快乐源于人与人之间的关系，源自我们与其他人之间的交往。一场运动比赛或爬上某一座山峰或其他类似事情可能会给你带去快乐，但你无法从物质中获取快乐。

一个人可以将自己的钱存下来，并且这一年来春风得意，出门后将一辆价值35万美元的劳斯莱斯银云开回了家。接着他把车停在自家车道上，走进家门，而他的妻子却在生气，因为他应该在几小时前打电话回家，告知妻子是否应该准备晚餐。现在他与妻子开始争吵，完全忘记了那辆车的存在。换言之，车子这个东西从决定你开心与否的雷达屏幕上消失了。

关于成功人士，另外重要的一点是乐观。那些最成功、发展速度最快的公司的创始人均具备乐观的品质。研究人员被自己的发现震惊了，成功人士均有惊人的乐观水平，他们对自己、对公司均保持着非常积极的态度。

让我们回顾之前谈到的，“他们为什么创业？”答案是，因为他们真正喜欢某一款产品。所以现在他们投入全部的时间去生产、销售、营销、交付这款产品，并亲眼看到这款产品所带来的成就。这真正让他们感到开心。这些人工作时间更长、辛苦程度更高，但他们喜欢为此而努力。事实上，让他们与工作分离就是一种剥夺，一种惩罚。

我的合作伙伴埃里克，和我喜欢就我们对工作的热爱程度开玩笑。我们必须约束自己不去工作，否则我们会昼夜不分、夜以继日地工作，周末都不会休息，因为我们非常享受工作。如果你想成功，你就必须刻意请假，必须安排休息时间，在这段时间必须坚持不做任何与工作相关的事情，直至自己习惯。花时间陪家人，花时间在健康上，去散步、看电视、做运动，但休息时间不要中断。你得坚持一段时间，然后才会适应。

关于效率，我还讲授了另外重要的一点。完成一项任务能让你产生能量、热情和自尊。我们生而就是如此，成效与成果让我们开心。如果在自己的业务中，我们能富有成效、获得成就，这就能让我们开心。如果我们在挣钱、销售产品、不断向前进、扩大业务、让客户满意，如果客户不断增加、销售不断上升，这会一直给我们带来快乐，带来让人沉醉的快乐。

如果你时间管理得当，制订好日计划，并且着手对自己最重要的任务，接着你完成了那些任务，那么每次完成任务时，你的大脑中就会释放出安多酚，就是它让你感到快乐。它能给你能量，让你更加优秀，提高你的创造力，增强你的免疫系统。做自己真正喜欢的事情、开始并完成相关的任务，许多这样做的人总是沉浸在这种让人沉醉的快乐之中。

有些人可能会说，“这些成功人士，人们并不开心。”我们对此进行了研究，而事实就是，那些成功人士们、富人们，都非常开心。他们遇到的只不过是一些更高级别的问题，而这些更高级别的问题是，我们应该去哪家高档的餐厅？我们应该点菲力牛排还是澳大利亚龙虾尾？我们何时去巴黎？到了巴黎是住在乔治五世酒店，还是另外一家价格不菲的顶级酒店？我们应该坐头等舱还是经济舱？这些人遇到的困难与普通人不一样，但是他们非常开心，因为他们是自由的。他们拥有选择的自由，他们可以说，“我可以选择这个，或者可以选择那个，因为我可以完全自由地选择。我有足够的钱，所以不必剥夺这些选择带给自己的快乐。”

关于白手起家的百万富翁，这里特别指出一点。当某个人开始在自己的事业或其他事情上赚取许多财富时，他花在自己身上的钱，自己的衣服、鞋子等类似的东西，保持着与之前相同的水平。这类支出会稍微增加一点然后保持平稳，但他在自己妻儿身上的支出则大幅度上升。为什么？因为为家人提供良好的生活能给男人带去巨大的欢乐。西服有几套已经足够，男人可以穿同样几套衣服，通过更换的领带或衬衫就够了。而女性则想要50双鞋子和一柜子的裙子。

成功与幸福之间有着直接的关联，但它与自由、做自己钟爱之事、擅长自己钟爱之事、受到认可，以及所获得的成就相关。而成就则是你赚到更多的钱。如此你可以简单地说，“天哪，我们现在生活不错了。上周、上个月、去年我们都过得很不错，我们成功了。”成功让人开心。

**丹**

这就涉及为孩子提供良好的生活。但愿那些正在读这本书的人们能够让自己的孩子们也读一读这本书，那么孩子们就可以学到这些观点，让自己在经济方面从一开始就走上正确的道路。

但是如果你曾经努力工作，赚取了大量的财富，你经历了所有的奋斗、所有的痛苦与磨难，才达到今天的位置。而你的孩子们在相对奢华的条件下长大。博恩，经济上成功的人们，可以采取哪一些观点，用与自己所拥有的相同的价值观和职业道德来养育自己的孩子？

## 博恩

这是个很好的问题。他们发现，孩子们越早认识到付出与回报，尤其是经济回报之间的联系，他们越有可能成为企业家。我对孩子们是这样做的，我会给他们零用钱，但为此会要求他们做一些事情，而不是免费给他们。

有些人会说，“应该不加条件地给予孩子们零花钱。”这不是在塑造孩子。你要做的是对他们说，“如果你做这件和那件事情，如果你整理自己的卧室，把这个东西挪开，倒垃圾，那么你可以获得零花钱。”他们会将开始并完成任务与赚钱联系起来。

我们住在一家非常优雅的乡村俱乐部的高尔夫球场上，房子前面连着一个非常不错的斜坡。高尔夫球手们经常会把高尔夫球打到这个斜坡上。我的孩子们会走出家门把那些高尔夫球捡起来，走下斜坡，在那些高尔夫球手们走来时把球重新卖给他们。有时候，因为我们的房子就在一个狗腿击球区中，高尔夫球手们会试图打出弧形的球绕过这个狗腿区，而球则会掉在我们家院子里。我的孩子们就会走出去，把球都捡起来，走下斜坡，坐在高尔夫球场旁，以 2 个 1 美元的价格卖给那些经过的人。

孩子们并不需要钱。然而他们在 10 岁的时候，就已经在努力、拿到高尔夫球、走下去与客户沟通、卖出高尔夫球之间建立起了联系。高尔夫球手们会经过他们身边，他们会看看那些高尔夫球，花上 1 美元选择自己想要的 2 个高尔夫球。我的儿子们会与他们进行谈判，然后把钱带回家。

我的每一个孩子在他们成长期间都工作过，做过兼职，而他们是自发去找工作的。我们总是带他们去办公室。他们到了办公室，看到了我们在工作，我，尤其是芭芭拉，他们看到自己的父母亲总是在工作，也就在我们现有的生活水平和父母均需要工作这个事实之间建立起了联系。

我们会与他们谈论工作、生意以及我们的员工，让他们像全职的主任、员工或股东一样参与进来，那么他们会感觉到自己是商业企业的一部分。

为了避免宠溺自己的孩子们，避免他们长大都认识不到努力工作与回报之间的联系，这些都是你可以做的事情。

## 丹

博恩，在特定的程度上，你是否认为整个幸福与金钱相关的概念被稍微夸大或者甚至有些许自恋？即使有些时期，增加的责任或压力确实会导致幸福水平的降低，但我们不应该也要考虑到你在创造财富、改善他人的生活、参与到比自己更重要的事情上这样一个事实吗？

## 博恩

是的，应该被考虑在内。人们会说，“你应该去做自己热爱的事情。做那些能改变世界的事情等等。”

如今，已经有了整整一代人都希望从事非盈利行业，他们有此想法是因为他们恐惧销售，因为销售包含了失败和最令人恐惧的拒绝。人们之所以从事互联网业务，因为当你大量发送互联网邮件时，你是无法被拒绝的。

所以，许多人会基于自己的心理结构来选择自己的职业。健康人群的一个特质就是他们能接受失败和拒绝，然后重新振作起来。他们有复原的特质，因此他们愿意尝试各类事物。

关于幸福、满足等等，正如我之前说到的，成功人士做自己喜欢做的事情，并且会持续努力让自己做得越来越好。做自己中意之事并且让自己不断擅长此事，是现有最大的快乐来源之一。能为自己和家人提丰衣足食的生活，实现经济独立，至关重要。

有关成功与幸福最后一点是：你确实会超过家庭中的其他人。我的妻子，家境贫寒，共有十个兄弟姐妹，他们从来就没有过钱。而我的妻子现在住在大房子里，生活美满。而她的一些兄弟姐妹们，因为她如此成功，对她一直都是挖苦、讥讽、挑剔、贬低——他们并非全是如此，只有一部分人这样。

你可能发现自己的朋友们也是如此。随着自己不断成长、提升自己、变得更加成功，你可能发现自己与其他人——你的同学、职业生涯刚开始时经常一起闲混的朋友们——之间的共同点越来越少。他们仍然在看电视、舒缓压力、休闲玩乐，而这些不再是你的世界观了。有时候甚至你与自己的另一半之间的共同点会越来越少。

你的世界观已经变成，你想要富有成效，想要成就点什么，想要获得成果，因为这能让你快乐，因为它能为你打开各种机遇和可能性的大门。

## 丹

博恩，总结一下，对那些已经掌握了金钱学的人而言，关于金钱和幸福之间的联系，你最后还有什么对他们说的吗？

## 博恩

我教给别人最重要的一点——我自己这一生中也在不断地练习——就是，想象自己可以挥动魔棒，改变生活的四个方面，让生活方方面面都无比完美，这样的生活会是什么样子？与今天会有什么样的差别？为了实现那个未来的梦想你可以踏出的第一步是怎样的？

第一个方面与你的收入、业务、职业有关。如果你现在收入理想，工作称心如意，与自己欣赏的人一同将自己信任的产品销售给自己喜欢的客户——如果你的生活在这些方面均是完美的，它会是什么样子？会与今天的生活有什么样的不同？为了让自己从今天的生活走向完美的未来，你可以采取的第一个措施是什么？

第二个方面与你的家庭和人际关系有关。如果你的人际关系、家庭、生活方式、房子、假期等等，一切都是出色、美好的，那与今天会有何不同？

第三个方面，请看看你的健康状况：你是否具备完美的健康状况？你是否绝对健康，强健、苗条、纤细，已达到自己最佳的状态？这会与今天你的健康状况有何差异？要实现这样的健康目标你可以采取的第一个措施是什么？

最后一个方面，你的经济状况，也就是财务自由。为了能够退休，并且永远无需再工作或永远无需再为金钱忧心，你是否可以明确地知道自己每个月需要从投资中获取多少收入？多少钱？确切的数字是多少？将这个数字设定为目标，并计划好自己想要实现这个数字的时间。接着回到当下，问自己，为了开始积累财富，实现那个可以让自己永远无需再工作的魔数，你能做的第一件事情是什么？

这里有一个有趣的发现。真正这样做的人不会想着不再工作了，因为他们这一辈子都会希望持续工作。他们想要的只是那个选择的自由，想要能够选择不工作。所以，选好你的那个数字吧。

你知道吗，80%至90%的美国人并不清楚自己的那个数字是多少？坐下来，分析自己每个月的总开支，既包括固定开支，也包含变动的费用，意外支出。看看你的账单、你的付款单。如果没有任何收入，你的生活成本是多少？答案就是那个魔数。你每个月、每年的生活成本是多少？

接着你将每年的成本乘以20。那么，如果你每个月的成本是5000美元，那每年就是6万美元，乘以20就是120万美元。按照这个算法，每个月你省下5000美元，持续20年，那么余下的这一辈子你永远不会没钱花。如果你需要更多，那么计算出来。把这个数字弄清楚，写下来，从今天开始朝着这个数字努力。

清楚了解自己完美人生在这四个方面的模样，接着踏出第一步开始向它靠近，这样的行动就能让你一直开心快乐。

第十章

# 经济学：国民经济腾飞的规则

在我们结束本次谈话之前，让我们将视角从自己的生活层面提升至几千米的高空，来看一看我们所学到的东西是如何与自己国家的经济，甚至全球整体经济联系在一起的。身处美国的我们，在当下以及不久的将来都面临着一些艰难的经济挑战，这已不是秘密。博恩深信，了解在接下来几十年内让我们的经济蓬勃发展需要什么，这是至关重要的，甚至是有责任感的市民所应该履行的义务。接下来博恩会回顾你已经学到的知识，以及如何让你个人的经济在接下来的几年也能欣欣向荣，来总结我们此次的谈话。

## 丹

博恩，首先请你谈一谈，为何你认为了解经济的基本规则，不仅仅在个人层面，也包括国家层面的基本规则，对于该国每一个有生产能力的公民而言都是极其重要的。

## 博恩

在成长期间我对经济学甚是困惑，而如果你困惑不已，则很容易被一些政治言论和煽动行为所操控，容易动摇。事实上，大多数现代政治的基础就是民众对经济的无知。

有这么一个伟大的故事，从前有一个国王，极其富有。他决定要整合世界上所有的智慧，而这将是他留给世界的遗产，所以他把自己的智者们派到世界各地，给予他们无限的经费，只为带回人类的集体智慧。而这些人带着10万本书回来了，这个时候国王到了50或55岁的年纪。“书太多了，”他说，“你们必须精简。”

这些智者们聚集在一起，精简所有书的内容，最终拿出了1000本书，但这个时候国王已到花甲之年。国王说，“我永远都无法读完这1000本书，你们必须再次浓缩。”所以这些智者们离开了，继续钻研了10年时间，他们又将所有的知识浓缩到了100本书。现在国王70岁了，只是勉力支撑着。国王说，“还是太多。你们就无法再总结得更精简一些吗？”

于是这些智者们再次离开，大概5年之后他们又回来面见国王。智者的一位领导手捧一张小纸片，说，“我们已经将所有书本上的知识全部总结到了一页纸上，就在这里。”国王打开这张纸，上面写着，“世界上没有免费的午餐。”

这就是经济学的一条伟大原则：世界上没有免费的午餐。在今天的西方世界中，我们有自己称作的圣诞老人经济学、不劳而获经济学。政治家们就利用公众的口袋将自己买进执政机构，接着他们会增加税收，再次利用民众的口袋让自己一直待在执政的位置上。今天所有的政治玩的都是互相投票的游戏。你投票赞同我的支出和征税，那么我也会为你投票。一只手为另外一个人的背部挠痒，等等。所有的政客们都通过承诺免费给别人金钱——充当圣诞老人的角色——才能走马上任。只要观察就可以发现：每次进行选举均有人在扮演圣诞老人的角色。

时常会有某位成年人站起来说，“钱从哪里来？”他们会把这个人轰下台去。“政府会给钱，政府会给钱的。”但经济学的一条规则就是，政府根本没有钱。正如拉什·林博过去常说的，“这不是政府的钱，民众们。”他们根本没有钱，除非设法从私营行业榨取。

有这么一幅画面很好，想象一个游泳池。政府的职工拿着一个桶，浸入泳池的一端，再跑到泳池的另外一端把水倒进泳池。这正是政府的行为。他们把钱从一端取出来，以特定的方式从某个人或某群人身上拿到钱，接着他们走开再把钱放进去，但这场经济中不存在净收益。

但最糟糕的一点是，因为政府的这些公职人员草率大意，一桶水有80%都被他们洒出来了，那么真正被倒入泳池的水量远远少于他们最初打出来的水量。随着政府支出的增加，政府或国家的财富则减少了。随着政府支出的上涨，失业率增加、工资扁平增长，因为政府基本上是社会的一个负担。政府无法创造任何人们想要的价值，因为如果人们想要，私营部门就会生产。

印第安纳波利斯的市长曾经创造了一种方法扭转了一个基本上负债累累的经济，他称其为“黄页测试”。他说，“如果政府执行的某个功能，在私营行业有3家以上公司同时也在执行，则该功能定会被分包出去。”而公共部门的工会则会情绪激动，因为他们的待遇极其丰厚。他们事实上在用数万亿美元的负债额，让这个国家每一个市、州、郡和国家政府机构破产。他们为此歇息底里，但市长依然坚持这样做。

那么如果你需要垃圾搬运、消防栓维护，如果你需要市政部门的、停车场绿化以及类似东西，而如果有一家公司在提供这类服务，政府会进行招投标。令人惊奇的是，政府的工会部门回来了。他们不得不与该私营部门在招投标中一争高低，价格也降低了。政府工会部门开始裁减那些消极怠工之人，真正做一些事，以有竞争力的价格来把事做好。

许多年前一名经济学家亨利·赫兹利特，基于弗雷德里克·巴斯夏的论文《看得见的与看不见的》，写过一篇专题论文，名为《一课经济学》。他说，你眼睛看到的均是政府支出的结果，政府花钱雇佣职员。而你看不到的则是，政府每雇佣一个人，私营行业就有两个人必须失业。你看到的是政府创造了所有那些新的就业，但你看不到的是消失的那些岗位，是因为私营企业要么裁人，要么因为税率太高从一开始就无法在该行业创办企业。这些均是标准的经济学原理。

我记得曾经有某位政客被质问：“你知道什么是基本的经济学吗？没有付出就没有回报，没有生产就没有消费。天下没有免费的午餐。”他说，“我对经济学一无所知，但我并不想知道任何有关经济学的知识，因为这会改变我投票的方式。”这正是我们整个西方世界所沾染的疾病。

我们看到日本已陷入经济衰退之中。它曾是最具潜力的经济体之一，20 年前还是世界第三大经济体，但他们引进了所有这些政府税收、监管、支出项目，扼杀了这个曾经世界排名第三的富庶国家。而现在法国正是如此，法国正在走向衰亡。

今天在美国，公司倒闭的数量超出了新创办的数量，这是美国有史以来第一次出现。曾经的情况是，创办的公司越来越多，而这其中特定的一部分每年会因为人员消耗而倒闭。今天情况反转了。

事实上，我们的企业和公司行业在逐渐消亡。今天的公司不再增长，他们会将钱留在海外，或者存在银行。苹果就有 2 万亿美元银行存款，但一直压在银行，因为投资不安全，因为政府会以监管、税收、新法等名目把钱弄走，所以基本上他们有了一整支律师和会计师队伍，来保护这些钱，避免落入政府之手。人们不愿意冒险。

这就是我们今天遇到的经济问题。扮演圣诞老人角色的政客们，看似免费提供一些什么东西——并非人们努力赚取、并不属于他们的钱——而他们就利用这些东西来购买选票。每次以这种方式成功购买了一张选票，下次选举时他们必须增加赌注，免费提供更多东西，否则这些三心二意的公众就会把选票投给提供更多东西的另外一个人。

## 丹

目前我们国家的国债达到了前所未有、无法持续的水平。请讨论，这个债务炸弹是如何将不劳而获这个疾病上升至国家程度的。请谈一谈我们面临的这个挑战，它是如何出现的，可以如何解决，作为公民的我们又可以做些什么以应对此种挑战。

## 博恩

债务是借来的。是以政府债券的形式从公众手中借来的，但最终是必须偿还的。那些对经济学一无所知的人会说，“我们是欠自己的钱，所以真正意义上并不是欠款。”不，我们欠了钱。

今天我们对这些钱不收取利息。如果对 18 万亿美元的政府债务收取 4%或 5%的利息，这 4%或 5%相当于一年一万亿美元的利息。如此，整个国家就会破产。这就是为什么政府政客们会极尽全力将利率尽可能维持在接近零的水平，直至他们卸任。

你会发现，在私营企业中工作的人们有养老金，养老金是与股票市场捆绑在一起的。那些政府的职员也有养老金，而他们的养老金不与任何东西捆绑。他们的生活得到了无条件的保障，只在通货膨胀的基础上发生变化。所以，如果经济瞬间崩溃，政客们最终会获得黄金降落伞、丰厚的养老金，以及会向上调整的医疗福利，所以他们赚的钱总能比离职时要多。

在华盛顿任期满两年的政客，我相信，退休时养老津贴将超过 100 万美元。再加上，一份豪华的终身医疗保险。这些钱都是从哪里来的？他们不会愿意谈论这个问题。

戴高乐曾经对自己卸任之后的情况有过这样的表述，法国将会陷入混乱。他说，“在我之后，哪管洪水滔天。”就是这样，一切都将结束。“我卸任 50 年之后，所有这些报应都会应验，所有的账单都将到期，但我已离开，已经退休。那时我将有自己的私人退休计划，所有的账单均已还清，享受丰厚的医疗福利，坐看这一切。而经济可能会每况愈下，但影响不到我的收入，因为我的收入已经与其他养老金计划完全隔离开来。这一辈子我的收入都有保障。”

那么我们确实面临着许多的挑战。但根据《商业周刊》，更糟糕的是没有任何资金准备的债务额，即我们不仅仅在国债中所欠的数额——19.2 万亿美元——还包括在社保、医疗、养老等等其他所有方面所欠的债务，均没有任何资金准备，而这意味着，所有这些债务均记录在册，每年都必须偿还，这些数额已接近 107 万亿美元。107 万亿美元相当于这个国家 6 年的收入，这就表示，这些债务永远都无法偿清。我们身处历史上最富有的国家，而我们的债务之深，已无法承担。

爱沙尼亚债务很少，许多国家根本没有背负任何债务，而我们肩上的债务超出世界上其他所有国家的债务总和。他们想到的唯一解决方法是，提高债务限额：借更多钱，永远不去偿还。

## 丹

有这么一句老话：如果我欠3000美元，那我有麻烦了。但如果我欠300万美元，银行有麻烦了。这句话背后的含义是指，如果我不偿还这笔钱，银行在某种程度上不得不补上这个缺口，所以他们会尽自己所能确保我具备还款能力，会偿还这笔钱，尤其是我在这家银行产生了巨额贷款时。因此我会好奇，在这种债务泡沫的境况下，美国是否有逃生的出路，其他的国家，如中国，由于他们对美国的依赖，尤其是对美国消费者的依赖，是否会简单地将这笔债务一笔勾销？或者说破产才是我们脱离这个困境的唯一途径？

## 博恩

他们说，因为美元是储备货币，所以我们可以继续印钞而其他人将会继续持有。现在我们唯一面临的问题是，几乎所有其他每一个国家的政局都更加不稳定。那就是为什么越来越多的钱涌入美国，因为这里更安全。这里有法律的保护，所以我认为他们还能继续撑很长一段时间。他们会支付这些欠款，但支付这些钱款留下来的只是更高的利率。更高的债务利率，首先将消耗联邦政府所有可自由支配的开支。接着彻底摧毁整个国防预算，榨干所有健康、教育和福利预算，取消医疗补助计划，除非他们将税收提高数千亿美元，可能甚至还得再加上一万亿美元。他们别无选择。

如果利率上升，你必须对这笔18万亿美元的赤字缴纳5%的利息，但还有所有其他需要偿付的欠款——医疗和社保。所有这些全部会破产，不会有信托基金，不会有任何存款。有的只是完全没有资金准备的欠款。除了超过100万亿美元的债务，没有存下一分钱可以来偿还以上任何一项债务。我们的债务超过了世界上所有国家的债务总和，就因为我们可以印钞票。

**丹**

这就是人们需要听取并运用你所教授的所有课程的另外一个原因。接下来的几代人将面临生活水平的下降，他们可能比前几代人甚至更加需要自食其力。请就托克维尔所著《论美国的民主》一书进行讨论，它教给了读者为何美国早期获得如此成功的经验，它指出了近几年我们可能有所不足的几个领域。

**博恩**

托克维尔，1835年出版了他的这本书，他让我回想起的基本观点是，美国是由个人主义组成的，组成这个国家的每个个体为自己的工作和生产结果负责。美国也同样由集体主义组成，人们协同合作，搭建谷仓，收获庄稼等等。

他说，这是最了不起的地方：美国没有精英。这里没有那些土地贵族。美国建立起来，是为了让普通人可以来到这里，哪怕一无所有也可以开始，通过辛勤工作、凭借创业活动就可以为自己创造富裕的生活。托克维尔把这一切都看在眼里。他看到当时的政府极其微小，而欧洲的政府却是一个庞然大物，呈压倒之势，令人窒息。这导致了一系列革命和大屠杀。法国、德国和意大利都发生过革命。最终俄国也爆发了革命，工人阶级由于不堪税赋与压迫起义反抗。

而美国当时从未有过。美国成立之时是反对贵族统治的，没有人会因为自己出身富裕就会高人一等。我喜欢举的一个例子之一就是比尔·盖茨，这个美国首富，这个月他的身价是790亿美元。想象比尔·盖茨走到你面前说，“我是比尔·盖茨，我是美国首富。来，亲吻我的戒指。”想象他对一个移民、一个穷人、街上随便某个人、普通的一个人、一个洗碗工说这句话。美国没有谁会因为某个人是世界首富就去亲吻他的戒指。美国人会认为这太荒谬，我们就是不会这样做。

但我们正在逐渐丧失这种个体意识和独立感，而这就是巨大的挑战。越来越多的人变得依赖政府，他们会说，“为什么政府不做这件事情？”

让我告诉你一个简短的故事，阿拉巴马州因盛产野猪而出名。野猪是非常凶猛的生物，出没于丛林之中，而且没人敢去那里，因为这些野猪会咬死猎狗，咬死猎人。

某一天有一位农民开车到了这个区域，在一个小镇上停了下来。他说，“我想抓几头野猪。”镇上的人们说，“不，你肯定不想靠近那些野猪的。如果你去捕捉野猪，我们有猎狗和来复枪，但是这些野猪太危险了。”他说，“你们只需要告诉我野猪在哪里，剩下的我自己会解决。”

所以他们就说，“你可以在沼泽的南面找到一些野猪。”接着他就出发了，消失了好几天。当他再次回来时，开着一辆大皮卡，上面装满了野猪。全是活的野猪，一头头紧挨着，挤满了整个皮卡，呼噜声不断。他停下来加了点汽油。他们问，“你怎么抓到这些野猪的？之前甚至没有人抓到过一头。这可是美国南部最凶猛的动物。”

他回答说，“其实很简单。我拿了一些粗玉米粉，就放在地上然后离开。这些野猪会出来，到处嗅一嗅之后，最终开始吃这些玉米粉。接着我又回去，再放一些玉米粉。第二天又是如此，它们又出来了。接着我开始在离玉米粉 3 米远的地方做一个小畜栏，在下面放一些树枝和枝条。这些野猪走进这个畜栏，吃完玉米粉又离开了。”

“我就不断地给这个畜栏加固，几天之后，这些野猪会走进畜栏，排好队，准备享用自己免费的食物。它们出现了，把食物吃完了。”然后他关闭了畜栏的后门，那么野猪唯一可以去的地方就是另外一端，而那一端却是一个小斜坡，直通皮卡车。他在地上洒下粗玉米粉，一直撒到皮卡的后部。

这些野猪走上斜坡，走进了皮卡的后面。它们为了吃玉米粉一路挤上来，直到皮卡的最里端。这个人关上皮卡的后车门，把车开走了。他说，“就这么简单。你让人们在任意一段时间内产生依赖感，他们就会失去所有的个体意识，所有的独立意识，所有的危险意识。他们会变得温顺平和，易于控制。”

这是全世界所有政府采取的手段，通过免费给人们一些东西直至他们无力抵抗，以这样的方式让他们变得温顺，控制他们。那就是我们正在做的，不仅仅在美国这里，整个世界都是如此。大部分政府政策设计的目的就是为了让人们完全依赖政府，那么他们才会为政府投票，政府则承诺不断提供可以轻松赚大钱的一些机会。

## 丹

博恩，不涉及政党，我们是否可以讨论经济学的一些细节，以及每一个行业是如何影响整体经济效率的？我们讨论的主题如下：税收政策、最低工资法、监管、政府规模（如联邦政府相比州政府），以及你认为对于正确理解基本经济学有重要意义的任何其他领域。

## 博恩

本质就是，任何事情只要政府插手，结果只有更糟，因为经政府之手的事情都会政治化。那就意味着，它受到某个政治意图的控制。而这个政治意图往往是让朋友富裕，让敌人遭受惩罚。那就是为什么每个政治性的捐款都附带有条件。我把钱捐给了一些政客，但我期望如果他们掌权后，能从他们的身上获得巨大的回报。你这是在赌博，把自己的钱压在那匹马身上。如果这匹马赢了，它就能带给你回报，让你一路顺风顺水。

华盛顿有一个机构，分析了竞选捐款的数额与接下来 4 年内该捐款公司获得的政府福利，今天这个比值是 72 : 1。之前有一家太阳能板公司破产了。该公司的创始人在第一次选举中向奥巴马捐款 10 万美元。接下来两年内这家公司从政府那里获得了 5.26 亿美元的好处，即使政府内部在说，“这完全是浪费时间，这家公司根本没有产品，根本没有能力偿还这些钱。”这是我所知道的最大的好处。这些钱消失了，钱的去向直至今天也无人问津。白宫下了命令，“只管将钱给他们。”因为政府当时试图向其他捐献人传递一个信号。这一招奏效了，因为在接下来的选举中他们筹集了 8 亿美元。过去每个人都知道这些带来巨大回报的捐款。

现在我们知道的是，随着政府规模的扩大，私营行业则在衰退。私营行业生产着人们想要、需要、愿意为之付钱的产品和服务——那些真正被认为是财富的产品和服务，例如汽车、衣服、房子、家具、电话。这才是人们认为的财富，因为它们提高了人们的生活水平。

政府在大部分时间里无所事事的成千上万、数以百万计的职员身上所花费的开支，并未创造任何财富。有人说，当我们聘请更多政府公务员时，国民生产总值就升高了。不，之所以上升是因为要聘请一个人为政府工作就必须在私营领域开除两个人，接着这个人大部分时间却坐在那儿什么事情也没干。勤奋工作与政府职员这两个词永远都不会出现在同一句话中，不然别人会笑话你。

事实就是，随着政府规模的扩大，人们的希望和可能性则降低，所以他们一再发现，增加真正的繁荣与机遇的唯一方法就是，缩小政府规模、减少监管、降低赋税。让人们自由发展，不再束缚他们，不要挡住他们的去路。

美国的大部分商人会说，“只要别挡住我们的路就行，我们不需要政府的任何帮助，不需要任何政策，什么都不需要。离我们远一点，让我们自行建立和经营自己的业务。”你会发现，世界上能够蓬勃发展的经济体均是监管最少、税赋最低。而濒临死亡的经济体则监管最甚、税赋最高，而此种说法对各类经济体均是正确的。美国曾是世界上最自由的国家，现在却位列 19 位，排在非洲中南部的博茨瓦纳之后。

在历史学家弗朗西斯·福山的著作《信任：社会美德与创造经济繁荣》中，作者表明，信任度最高的经济也是最繁荣的，信任水平最低的经济同时也是最贫穷的。他们同样研究了经商便利度指数。创业门槛最低的经济体是最繁荣的，创业难度最高的经济体则是最不繁荣的。“透明国际”也表示，腐败问题最严重的国家是最贫穷的，而腐败最少的国家是最富有的。

第二次世界大战后几十年，美国在这些指数上均处于领先位置。现在某些方面却排名 19，甚至在受教育程度方面排到了第 18 或 19 位。我们在每个学生身上的支出高于世界上其他任何一个国家，而效果却是最差强人意的。那么直到你有一群领导班子，能站起来说，“这情况不妙，我们必须把它扭转过来，我们必须开始降低人们工作和创业的门槛，我们必须为在国内和国际上办企业、做贸易的人提供便利”——直到我们这样做才会有所起色，否则，任何政府政策可能也无法补救。

## 丹

最近有关顶端 1%比底层 99%引起了诸多讨论。许多人认为资本主义正处于癌变的阶段，富人更富，而其余人持续维持原样或变得更加贫穷。数据显示，全国大部分地区的工资并无增长，而顶端，尤其是顶端 0.1%的人群，财富却大幅度增加，这些数据表明以上担忧并非空穴来风。请谈一谈你对该争论的看法。人们的担忧是合理的吗？你认为在我们经济的这个阶段中，资本主义仍然能有效运转吗？

## 博恩

正如我之前谈到的，资本主义实际是储蓄主义。如果你想象一名简单的农民，播下种子，丰收之后他会拿这些农作物做何用呢？他会为来年种植去储存种子，而这些种子是从自己和家人可以消耗的食物总量中省下来的。换言之，也就是他在剥削自己和他人，把钱省下来。他会做出牺牲，真正做到延迟满足。纵观人类历史，这些一直都是成功的品质。

同理，如果你努力工作赚钱，并从自己的收入中拿出一部分存下来，接着将那部分钱谨慎地投资到类似于可以产生收入的房地产或者股票、债券、共同基金，或者能产生收益的东西上，接着你就成为了一名资本主义者，也就是储蓄主义者。资本主义者一词源自卡尔·马克思，他不理解因果之间的关系。他只看到富人这个结果，但不知道富人会把钱存下来再投资。这其中蕴含了大量的风险，失败的可能性极高，有时候要获得收益需要等待漫长的时间。

如果你建造了一间工厂，这间工厂可能需要花费你 3 至 5 年时间方能建成，接着需要另外 3 至 5 年时间方能盈利，那么一个人得愿意，在自己投资 10 年之后才开始获得收益。而这些皮凯提们和斯蒂格利茨们（反对资本主义的代表人物）以及倡导社会主义的人们会到处说，“看看这个有钱的王八蛋，生产这些产品赚这么多钱，把价格标高 2 倍、3 倍、4 倍、5 倍，剥削这些贫苦的消费者。”那么，这个人一开始投资建厂或投资创业的十年时间又怎么算？一家小型的企业需要 7 年时间方可实现盈利，而它实现盈利的那一天，税务人员就来了，要拿走你利润的 50%，这是因为他们根本没有理解因果之间的关系。

那么今天在美国我们面临的不平等问题是，人们不存钱。上一辈就教他们把钱消费掉，去玩乐、去买大电视机、去拉斯维加斯。美国现在每一个州都已将赌博合法化，所以如果不能去拉斯维加斯，你也可以就在现在所在的城市过一把赌瘾。而事实是，如果你能将钱省下来，谨慎投资，最终你就成为了资本主义者，储蓄主义者。没有储蓄，资本积累就无从谈起，那么国家何来希望。

但储蓄意味着，为了能够在明天的某个时候享受更高的消费水平，你要剥夺自己今天的消费享受。储蓄意味着，将自己原本今天可以享受到的消费推迟到未来的某个时候。只有人们心甘情愿这样做，才能使文明社会成为可能。那些储蓄没有保障或储蓄不安全的国家、腐败的国家、不诚实的国家，都是人们没有储蓄习惯的国家。

美国成为投资的安全国度，是因为金钱在这里受到法律的悉心保护。窃取金钱最终必会锒铛入狱。在其他地方，你可以尽情地把钱偷了，接着住在山上的宫殿中，可以买通所有的政客、法官和法庭，正是这一点造成了这些国家悲惨的境况，因为没人愿意要他们的钱。

事实是，没有产出就不能消费。政府的职责应该是创造一个环境，让个体那种自然、自发的创业直觉，引领新产品、新服务、新企业的发展。他们会聘请人员、创造就业和机会，他们会缴纳更多税费用以支付所有学校、医院、大学、道路以及其他一切。这是基本的经济学，而我们今天生活在一个脱离现实的幻境中。我们认为政府可能会持续压榨私营行业，认为这种行为也不会造成任何的长期后果。而这些政府官员全部希望报应到来之前，自己已经卸任，并靠着丰厚的养老金继续享受生活。

至于收入不均，每个人生来就不是平等的，这里就存在一个很大的问题。对此我进行了深刻的研究，并写了很多的文章。大部分人的不平等是自己的选择造成的。他们的不平等，是由于自己早在数十年前就已停止提升自己的知识和技能。他们影响很坏，亦或毫无影响力。不论什么原因，他们在学校成绩表现不佳，毕业后大字不识几个。50%或50%以上的美国高中生，毕业后目不识丁，无法完成麦当劳的工作申请表格。而已被大学接受的50%至60%的大学新生，需要在夏天参加英语和数学的补习班后，才有能力去上秋季入学后的基本101入门课程。这些人没有技能傍身，不识字，不能操作电脑，无法理解科学、数学或工程学，不懂商业、管理或营销，没有办法创造价值，丧失了赚钱的能力，而结果就是，他们的收入只能比别人更低。

正如芝加哥大学的加里·贝克尔说的，我们并没有收入差距，我们有的只是技能差距。底层80%的人们，数十年来并没有提升自己的技能。他们走出家门，工作一整年却从未读过一本书。顶端20%的人却总是在提升自己的技能，增加自己的价值，所以这种不平等其实是自我造成的。每个人通过是否提升自己，是否提升自己为同胞们贡献价值的能力，决定了自身与他人之间的平等或不平等。

当某个人说，“我已经在麦当劳工作了10年。现在35岁，时薪8美元。家里有7个孩子，由我一人独自抚养。”那么这是谁的错？是谁做出所有这些生活方式的选择，致使一个人沦落如此田地？在某种程度上，不得不说，个人对自己的生活负有主要责任。一旦你将责任的概念去除，整个社会则会分崩离析。事实上，社会能够形成一个整体只因为很多人确实拥有高度的责任感，不将自己的问题责怪在他人头上。

## 丹

另一个经济的问题是自动化带来的影响，这个影响不仅仅指现在，也包括未来。以及自动化将如何压制工资增长、影响就业。这对美国未来的就业又预示着什么？你认为，就因为这个原因，更多的人就应该考虑走上创业之路吗？

## 博恩

自从1770年开始，自动化的浪潮就一直不断。自动化每提升一次，新的工厂、纺车的出现，就会激起巨大的抗议——这会摧毁就业机会，让人们流浪街头。每一次提升，自动化的作用就是将简单、枯燥的工作系统化，解放人们，让他们可以从事更高级、更愉悦、更具挑战性的工作。因此每一次自动化的介入，它实际上创造了更多的就业。

当汽车出现时，惯用的方法是团队模式生产汽车，那么一个汽车工厂可能有20或30支生产团队，每一支团队都为一辆车服务。而当该行业出现了生产线、自动化和科学管理时，他们就能够聘请成千上万的人。成百上千的汽车工厂兴起了，能够创造数万个就业岗位，提供更高的生活水平、更好的薪资待遇、更好的医疗保健。

历史上首次出现了，一个男人去工作就足以负担整个家庭。在那之前，所有家庭成员都需要去工作，孩子去乞讨，母亲在田地间劳作，父亲干着一份微不足道的工作。但是自动化的出现，突然之间一个男人可以养活整个家庭，子女能够去上学，妻子可以不用抛头露面。

而自动化带来的挑战是，你必须提升你的技能，必须在这一生中持续提升你的技能。每一次一项工作被自动化时，它都将岗位上的人解放出来，去做更高水平的工作，这是一件好事。如果不是因为自动化，我们现在可能仍然生活在农场上。

你知道在20世纪初，生活在农场的50%的美国人养活了另外50%的人吗？今天只有1%的美国人生活在农场，而他们养活了3.3亿的人口，并且他们将富余的粮食整船整船地运往世界各地贫穷或富余的国家——均因为自动化。所以说，自动化是大好事，但它需要你提升自己的技能。

## 丹

博恩，随着此次对话逐渐接近尾声，我认为，如果你能与大家一起回顾一下有助于让国家经济蓬勃发展的经济规律和原则，做一个微型课程，那就太好了。你能与我们分享一下吗？

## 博恩

当然可以。我从多年的研究中精选出了这些经济法则。在数学领域中，存在一些特定的法则，一旦理解，可以使数学家解决常人不可能解决的复杂难题。在机械学中，存在特定已经验证的原则，可以使技术精湛的技工用特定的方法、流程和工具修理好一辆汽车或一架飞机，而这对未受过训练的普通人来说却是难于登天。在经济学中，存在着特定的规则可以解释所有的人类行为，理解这些规则对创业者而言至关重要。

首先是稀缺法则。这是经济学的基本法则，它是指，经济物品之所以有价值是因为它的可用供应量少于需求量。换言之，房子永远是不够的，车子永远是不够的，钻石戒指或漂亮的手表或者额外的衣服也永远是不够的。稀缺是一切事物的价值所在。但是，应该有盈余，所有人应当可以拥有自己想要的一切，并受到政府的保障，这种说法完全是无稽之谈。稀缺将一直存在。

从经济学的角度而言，你必须持续从多个选项中做出选择，因为你不可能拥有自己想要的所有东西。只有小孩子才可以跺脚，哭闹，发脾气，并且说，“我要这个，我要那个。”事实是，你总是需要选择，因为你的购买能力总是有限的。而且由于商品是稀缺的，那么交易就总是必要的。统领所有社会的伟大经济法则是：你不可能在所有情况始终满足所有人的全部需求。东西就是不够。

第二个法则是供求法则。它表达的是，货物或服务的价格与购买时的供求水平直接相关。例如，快餐工作者的工资，即这位快餐工作者的价格，基本上也是商品，它决定于愿意以最低工资在快餐店工作的人的数量。事实上，因为人们没有其他技能，数以百万的人们才愿意在那些地方工作。

如果有人说，“我的时薪必须高于15美元”，那么在大约5分钟之内，他就会被一大推排着队愿意以8美元或7.75美元时薪在那里工作的人们所替代，就因为供需之间的关系。不存在客观的价格，价格的基础总是人们对某个事物的渴望度以及他们愿意支付的金钱成本。

供求法则决定了所有的价格、所有的利润、所有工资、所有增长、下滑、成本、损失，以及每一个企业的成与败。任何经营出口业务的公司也是如此，背后的原因总是供与求。成功的企业家们会持续增加他们所销售产品的需求量，那么才可以提高自己收取的价格。这也就是所有广告、营销活动、促销活动的目的所在：扩大需求。

另外一个原则是，企业家们会持续力争用更低的价格、更快的速度或更便捷的方式提供更高质量的产品和服务，那么他们就可以增加这些产品和服务的需求。这是基本法则。稀缺法则：任何事物都是稀缺的。供求法则：价格取决于人们的需求程度。正如我们之前谈到的，公司破产的首要原因是，没有人想要以那个价格销售的那个产品。

经济学中，替代法则的意思是，特定的商品和服务，当供求比例发生改变时，可以互相替代。让我给你举个例子，当牛肉变得太贵时，人们会用鸡肉来替代。当汽油价格涨到无法承受时，人们会买小排量的车。当劳工价格太高时，公司会采用自动化，用机器替代人工。其背后总是成本效益关系。如果通过买下这个机器可以省下这些工人的工资，长期而言，我赚的钱更多，这就是一个不错的投资。

在市场上客户始终有三个选择：他们可以购买你提供的产品或服

务，或者他们可以购买其他公司，你的竞争对手，提供的产品或服务，或者他们不够买任何东西。无论何时你进入市场，你的客户总是拥有这三个选择：从你这里购买，从你的竞争对手处购买，或者什么都不买。这就是替代法则。

关联法则是另外一条重要的经济法则，它表达的是，多种不同的产品和服务会以积极或消极的方式互相关联，正向或反向地影响相互的价格。例如，当某个商品的价格上涨时，它往往引起与之相关的某个商品的价格也随之上涨。食物价格上涨会导致餐馆收费增加。那就是为什么，他们说今天在圣地亚哥，你在最顶级的餐馆也吃不到上等肋条，因为玉米价格上涨导致牛肉价格上涨。上等肋条的价格也已经上升，太贵导致它从菜单上消失了。你为什么吃不到上等肋条？是因为所有这些价格之间的关联。

当某个商品的价格上升时，它会引起其他商品的需求量下降。当餐馆收费增加时，到这家餐馆就餐的客人数量会减少。或者你也可能遇到反向关联：如果高档餐厅的收费上升，吃快餐的人数则会增加。

万事万物之间是互相联系的，那么价格关联性会影响其他产品的成本。如果人们不再去某一家餐馆，那么该餐馆最终从供应商手中的进货量会减少，所以这会产生一个反向多米诺效应。如果某家企业产品销售量减少，该企业会减少原材料的供应，削减劳动力——再一次体现了关联性。

这里有一个故事，关于一个小伙子，因为他的业务做得风生水起，所以刚刚委托一位艺术家画了一幅画。他走进一家餐馆，坐下来。墙上有一张海报，上面是某家报纸在扬言，困难时期即将来临，经济即将下滑，我们马上就要面临经济衰退、萧条和失业。他看着这张海报，脑中想着，“天哪，我居然没有想到这一点。还在这里为一幅画花了这么多钱。”

所以他起身朝电话走去，打电话取消了作画的委托。艺术家刚刚已经打电话给别人来粉刷自己的房子，因为她以为自己会有钱来支付这笔费用。而现在她也取消了粉刷的活儿。而房屋油漆工已经给汽车经纪人打了电话，因为他刚刚接手了这个粉刷的活儿，以为自己就要有新车了。整个经济中全是如此。

但是，第一个小伙子几天后再次走进同一家餐馆，看着那张海报。他凑近一看，发现海报是在 25 年前装裱张贴的。

这个故事想表达的观点是，错误的信息就可能引起类似的关联，造成消极的串连效应。那就是为什么不论何时宣布失业率上升时，股票就会下跌。人们纷纷卖出手中的股票，寻求庇护。接着他们说，“事业并没有那么糟糕。”然后股票又全部蹭蹭往上涨。整个股票市场被信息左右。

接下来的一条法则称为边际法则。该法则是指，所有经济决策，因此所有价格和成本，取决于最后那个购买决策。理解这一点十分重要。最后一位客户愿意为最后一件商品支付的金钱数额决定了整个供应的价格。假设你卖的是甜甜圈，而最饥饿的那个人，对甜甜圈的渴求程度远超任何其它东西，他会以 1 美元一个的价格来买甜甜圈，因为他太想要甜甜圈了。但你不可能所有的甜甜圈都卖 1 美元一个，因为也只有一小部分人会出这个价钱。如此你不得不以更低的价格来销售，那么越来越多的人才会进入市场购买甜甜圈。而你要维持低廉但仍可以盈利的价格，你的销量才会越来越好。

假设你将价格降低到 0.5 美元或 0.25 美元一个，那么每个人都可以买得起甜甜圈——只要你在最后一个甜甜圈上仍然可以盈利。边际法则是说，决定你所提供的任何产品的价格的，不是某一个购买欲望极高的客户会支付的价钱，而是最后一位挑剔、谨慎、小心的客户愿意支付的价钱。往往是最后一位可以从你这里，也可以从其他地方购买该产品的客户决定了产品的价格。如果其他地方卖 0.25 美元而你收 0.26 美元，那我就会去另外那个地方。所以市场出清价是指能让所有消费者满足需求并且所有销售者能继续销售产品和服务的那个价格。

如果去到某个公开市场，你会发现人们把自己的农产品带去那里销售。他们的目的是，一天结束时所有的农产品都被卖光，那么最后一位顾客从最后一个摊位买下最后一个农产品时，每个人就都可以回家了，都卖光了。而那就是市场出清价。你要做的就是，从这一天第一位客户开始你就以市场出清价定价，那么这一天结束时所有的东西都能被卖出去。边际法则对于所有的定价都是至关重要的。

接下来的一条法则称作收益递减法则，这对个人发展和商业行为都具备一定的重要性。它指的是，特定经济活动的收益、回报或利润会随着时间而降低。它的意思是，从自己销售的第一批产品或服务中你往往可以获取高额的利润。然而，那些产品或服务的生产成本可能增加，后来你在这个产品或服务上赚取的利润会降低，因为你的成本变得更高了。你参与的许多行为所创造的价值都是递减的。你做得越多，它们给你的客户带去的价值则越少。

接着就是收益递增法则。某个产品、服务或行为的利润可能随着生产量或销售量的增加而递增。顺便说一句，这一点是大型制造商成功的原因。例如，在零售行业，沃尔玛就通过采购更多的产品，成千上万、数百万种产品，分布在自己 11000 家门店中，来增加自己的盈利。沃尔玛内商品价格如此之低，让它成为了每天数百万顾客购买所有这些产品的第一选择。

当下，知识是竞争优势的真正来源。如果你能生产某个以知识为基础的产品，每多生产一个产品，你的效率就变得更高。因此每个产品的生产成本则变得更低，销售的每一个单位产品的利润变得更高。

让我给你举一个收益递增的例子。我做了一个很不错的研讨会，名为“21 世纪销售”。为了制作该研讨会的内容，需要数百个小时的研究，数年在华尔街的经验。一旦完成该研讨会，并且利用参与者的反馈对其进行改善，现在我手上有了世界上最好的为期一天的销售研讨会之一。这场研讨会，我已经在世界各地做了 300 多次，而我收取的费用不菲。如果有人对我说，“我们需要一场销售研讨会。”5 分钟之内我就可以开始，因为为了开发那个知识产品，我已经付出了巨额的成本。一旦生产出来，就可以以很低的成本对其进行复制。所以，以知识为基础的产品具备收益递增的优点。销售得越多，它们的利润越高。

接下来的法则——而它对于我们有关国际和国家经济情况的讨论确实很重要——它被称为次级影响法则。它是指，每一个行为都会产生主要和次要影响。每一件你做的事情，会导致另外一件事情的发生，而每一件你没有去做的事情，也会有相应的后果。

在经济学家巴斯夏和黑兹利特以及其他经济学家看来，主要影响往往是积极的。一个人说，“我要退学去找一份工作，弄一辆车，找女朋友。”主要的影响是积极的，他很酷，有一辆车，各色的女朋友。而次级影响是什么？缺乏教育、低级别的工作，整个一生经常失业，没有自动化的技能。最终，他贫困潦倒。这就是当今世界的一个大问题：许多人参与的行为都会产生非常严重的次级影响。

经济学家米尔顿·弗里德曼说过，能准确考虑到可能产生的次级影响的能力是卓越思维的关键。关键不在于主要影响，它往往是有利的一些事情。假设你吃了一整盒甜甜圈。我曾经亲眼看到有人吃完一整盒卡卡圈坊的甜甜圈。这个行为产生的主要影响是享受到甜甜圈的美味，但次级影响是，你即将感觉到乏力，睡眠质量不好。如果这种行为持续一段时间，你的体重就会超标，肚子变大，你将不得不买加大码的衣服等等。所以看起来很享受的一件事情，它的次级影响可能是巨大的，或者是恶劣的。

接下来的法则称作意外影响法则。很多行为的最终后果，比什么事情都不做要更加严重。这就解释了几乎所有的政府政策。有时候，为了产生利益而采取的某个措施，实际上产生的是损失。这是商场上的一大危险。在某项投资上，我们可以不惜一切，最终却以破产收场或亏掉所有的钱，比没有参与这项投资的境遇要更糟糕。当一个行动的成功取决于违反权宜原则时，往往会产生意外的影响。权宜原则这个不劳而获的圣诞老人心态，我稍后会做出解释。

接下来的法则是选择定律，它的意思是，每个人的行为都需要在众多选项中做出选择，而这个选择往往取决于个体当下的主导价值观。你真正的价值观往往会通过行为表达出来。你也往往可以通过观察一个人的行为，看出他的想法、信念和价值观，而不是通过他的语言、愿望或者希望。

如果桌面上有两种甜甜圈可供你选择，你往往会选择自己更想要的那一种。如果你有两个结婚对象供你选择，你会选择自己最重视的那一个。当有两部车供你选择购买，两个课程供你选择报名参加时，情况也是如此。你通过自己的行为，证明了对自己最有价值、最重要的是什么。

这一点让我惊讶不已，以为它最终解释了，为什么人们口不对心，还试图辩解——每个人都是如此，或者这根本不重要。他们口头这样说一番，你应该想着，“等等，不是这样的。你的行为才真正表达了本质上的你，所以你采取的每一个行动，或拒绝采取的每一个行动，暗示着你对价值观和信念的选择以及立场。”一旦我理解了这一点，我就理解了整个世界。

下一条法则是排除选择法则，也就是说，不论选择做什么，做出选择的同时你排除了那一瞬间所有其他的选择。每一个选择意味着对所有其他选择的拒绝，至少是当下所有的选择，这一点在市场上尤其如此。当拥有一个选择时，你的可选项是稀缺、有限的。当拥有一个选择时，你往往会选择对自己最重要的，但在选择的行为被做出时，你拒绝了所有其他可能的选择。当与某人走进婚姻殿堂时，你就决绝了世界上所有其他可以结婚的对象，或者至少是你最好与之结婚的对象。并且，你做出的每一个选择是在向自己、向他人宣告你真正相信什么、看重什么。

最后一条法则——这是整个奥地利学派的基础——是主观价值法则。任何事物的价值都是主观的。它取决于某人愿意为其支付的价格，而这一点对不平等、对人们收入平等现象做出了解释。你无法告诉任何人，自己工作的价值有多大。它的价值就是，在一个自由经济中，当某个人有其他选择时仍然愿意为你支付的成本。而这一点令人震惊不已。所有试图获取高于市场利率的努力必须利用到政府力量、立法、惩罚、罚款以及其他所有手段。

在2008至2009年间，我们经历了一次大规模的灾难。起因是，联邦政府通过了法律，强制要求银行借钱给那些没有信用的人，因为政治家们希望这些人可以在下一次选举中为自己投票。事件在吉米·卡特的领导下开始，在比尔·克林顿手下扩张，在乔治·沃克·布什的手下，势头像密西西比河一样滚滚向前流动。人们真正拿到了钱去买房子。他们重拾自己的信用。他们购买房子可以打97折，一旦最后搬进房子，还可以获得3%的额外奖励。银行为人们买不起的成千上万、数十万、数百万的房子提供了贷款，接着一切都崩溃了。整个贷款得到了政府100%的支持。他们说这些房子本身就具有价值，而创造这些价值的方式不过是通过给人们钱来购买这些房产而已。

个人或企业设定的所有价格，均是对人们愿意花多少钱来消费整个供应量的一些有根据的推测。这就让我们想到了这个观点：所有商品和服务降低价格销售均是供应商在承认最初的要价太高。他们推测错误了。

只有为某个产品或服务付款的那个人，才有能力决定该产品或服务的价值。在一个自由社会中，正如米尔顿·弗里德曼所说的，每一个选择均是自由的选择。我们做出选择，是因为自己感觉选择的结果会让自己更加富裕。如果政府干预进来，它就摧毁了自由选择的机会。

最大化法则，解释所有经济行为的最后一条法则，是指每个人都在追求在每一个行为中将自己的处境最大化，以达到用最少的成本获取最大回报的目的。这也被称作权宜原则，含义是指，人类是贪婪、懒惰、急躁、野心勃勃、自私、无知、虚荣的，他们不断寻求生存、保障、舒适、休闲、爱、尊重和满足。这条原则进一步表达的是，人们不可避免地会寻求最快、最简单的方法获取自己现在就想要的东西，根本不考虑之后会带来的影响。

所有经济活动都是围绕这些原则建立起来的。所有经济结果都可以通过参考这些法则来解释，也表明了，人们始终会争取以最少的成本获取最大的收益，不考虑因此而产生的次级或意外的影响，而期待人们不权宜行事只不过是做梦而已。这就像是期待人们改变自己眼睛的颜色或者期待他们不呼吸却仍然生龙活虎一样。

有一个例子就是福利金，它以帮助不幸之人为主要目的。但是太多的福利，长时间提供福利金，产生的次级影响就是，人们变得依赖政府。他们没有自尊、没有工作能力、没有技能。他们的收入从不增加。他们对自己、对未来、对自己的孩子们都不抱任何希望。

如果每个人都利用这些政府项目，没人会去工作，明天整个社会就会崩塌。唯一还未崩塌的原因是，我们希望足够多的人们不会利用这些福利项目，不会权宜行事，不会用最快、最简单的途径获取自己想要的东西而不关心因此而产生的次级影响。

这就是我的经济学观点。还有更多其他的法则，但归根结底，正如我最开始提到的，没有免费的午餐。如果你能将这一点严格地运用到所有的政府政策和行为中去——你必须将其运用到私营行业中去——那么国家的治理方式将完全不同，对我们所有人、对未来而言，也将更加行之有效。

## 丹

最后，博恩，让我们讨论一下，充实的一生、通过将此次谈话中的法则付诸于实践而度过的这一生，对未来子孙后代产生的影响也将是留给他们的遗产，以此来结束此次谈话。

## 博恩

不论存在多少问题，有一句希腊谚语说得好：在这样的时刻，要记住曾经一直如此，记住不论我们在今天的世界里面临多少问题，它仍然是所有人类历史上最好生活的时代。在我们的世界中，在政治上与经济上会发生许多事情，是我们无法控制的。我们要做的就是专注于自己可以控制的事情。纵观人类历史，创造成功的人，是十分擅长自己所做之事，并生产出了人们在比较了其他类似产品和服务的情况下仍然选择购买并且会反复购买的好产品或服务的那些人。

这些人赚到了一种极其美好的生活，他们将自己的钱存了下来。正如我之前提到的，资本主义是储蓄主义。他们存钱，将钱投资到一些资源上，而这些资源在投资选择已经做出之后很久依然会持续产生收益。最终，在这一生当中你会实现，投资的钱所产生的收益将超过你的工资。达到这个程度时，如果你愿意的话，可以逐渐抽离出自己的专业领域，或者换个方式去做，或者换个地点去做。有些人会出国，成为传教士，在国外工作。

你要做的，就是为自己的经济状况承担100%的责任，并且意识到，它完全在你自己的掌控之下，而且不论今天处于何种境况，你都可以还清你所有的债务，省下钱来，修建一个经济的堡垒，将这些钱谨慎地投资到能产生收益的资产中去，并且为了自己和家人，去实现经济独立。如果你能立马开始，有时候，这一切发生的速度会比你想象得快很多。